网络货运平台

朱长征　主　编
朱云桦　副主编

清华大学出版社
北京

内 容 简 介

近年来，网络货运成为物流行业的热点和风口，受到了社会广泛的关注。网络货运平台运用互联网的技术和共享经济的理念，在大数据、云计算、人工智能等技术的驱动下，有效带动了物流市场的资源整合和行业规范发展，对于促进物流行业的转型升级和提质增效具有重要作用。

本书分为 10 章，主要内容包括网络货运平台概述、网络货运平台的发展历程及趋势、网络货运平台类型、网络货运平台的功能模块、网络货运平台核心能力建设、网络货运平台运力组织与管理、我国网络货运平台区域发展状况、网络货运平台对行业的价值、网络货运平台周边生态圈和典型网络货运平台案例。

本书可作为物流管理、物流工程、交通运输、电子商务等专业本科、高职高专、中职学生的教材，还可作为网络货运知识培训和职业技能培训的教材，也可供对网络货运感兴趣的企业人员、科研人员、政府人员学习参考。

本书封面贴有清华大学出版社防伪标签，无标签者不得销售。
版权所有，侵权必究。举报：010-62782989，beiqinquan@tup.tsinghua.edu.cn。

图书在版编目(CIP)数据

网络货运平台/朱长征主编. —北京：清华大学出版社，2022.6（2024.6重印）
ISBN 978-7-302-60550-8

Ⅰ．①网… Ⅱ．①朱… Ⅲ．①计算机应用—货物运输 Ⅳ．①U16-39

中国版本图书馆 CIP 数据核字(2022)第 062669 号

责任编辑：桑任松
封面设计：李　坤
责任校对：贺佳龙
责任印制：刘菲

出版发行：清华大学出版社
网　　址：https://www.tup.com.cn, https://www.wqxuetang.com
地　　址：北京清华大学学研大厦 A 座　　邮　编：100084
社 总 机：010-83470000　　邮　购：010-62786544
投稿与读者服务：010-62776969, c-service@tup.tsinghua.edu.cn
质量反馈：010-62772015, zhiliang@tup.tsinghua.edu.cn
课件下载：https://www.tup.com.cn, 010-62791865

印 装 者：涿州市般润文化传播有限公司
经　　销：全国新华书店
开　　本：170mm×240mm　　印　张：15　　字　数：236 千字
版　　次：2022 年 6 月第 1 版　　印　次：2024 年 6 月第 3 次印刷
定　　价：69.00 元

产品编号：094206-01

教材编写学术委员会

主　任：李勇昭　中国物资储运协会会长、中储发展股份有限公司副总裁
副主任：李彦林　交通运输部科学研究院现代物流研究中心副主任

专家委员(按姓氏笔画排序)：

　　卫毓民　临沂商贸物流科技产业研究院院长
　　卢立新　安徽共生物流科技有限公司总经理
　　刘春生　安徽共生物流科技有限公司副总经理
　　刘云飞　中储智运战略研究院院长
　　张　华　中国物资储运协会秘书长
　　陈　煜　陕西省交通厅道路运输事业发展中心货运物流处副处长
　　邵清东　北京络捷斯特科技股份有限公司董事长
　　折大伟　西安货达网络科技有限公司 CEO
　　张海岐　深圳德坤供应链有限公司副总经理
　　周纪念　阿帕数字科技有限公司 CEO
　　郭钊侠　四川大学教授
　　赵开涛　安徽神通物联网科技集团有限公司董事长
　　唐胜利　满帮大数据研究院常务副院长
　　黄新峰　中储南京智慧物流科技有限公司副总经理
　　熊　浩　海南大学教授
　　潘永刚　罗戈研究院长、罗戈网联合创始人
　　戴庆富　中储南京智慧物流科技有限公司党委书记、总经理

序

中国物资储运协会的会员中有几家企业是最活跃的网络货运平台企业，协会对其一路走来，发展壮大的奋斗轨迹比较了解，也看到了他们对这个新兴行业的健康发展所做的贡献，因此想组织编写一本介绍网络货运平台的专业书籍。西安邮电大学的朱长征老师对网络货运平台这个"新生事物"刚好也在做跟踪研究，并且已经形成了一些研究成果。在临沂商贸物流科技产业研究院卫毓民院长的撮合下，便形成了一起编写一本《网络货运平台》教科书的计划。经过近一年的辛勤工作，这本教材已基本成稿。在此先向朱长征老师和编写组的同仁表示祝贺！

道路货物运输是一个由古至今延续了几千年的行业，网络货运平台却是个新生事物。国家交通部颁布的《网络平台道路货物运输经营管理暂行办法》自 2020 年 1 月 1 日起才实行，网络货运平台的前身"无车承运人"也是自 2016 年 10 月才开始试点。两段时间加起来总共也不过 5 年。但短短 5 年，网络货运平台从商业模式研发，到技术支撑实现，到市场认同，规则建立，从业者队伍发展壮大，直至政策环境初步形成，经营业绩突飞猛进，俨然已成为明星般的新兴行业。这的确值得行业协会和学术机构在企业探索的基础上做一些更高层次的研究。

网络货运平台之所以发展得如此快，如此好，可以大致分析出三个方面的原因。

第一，道路货运这个传统行业从古至今都是人类社会运行不可须臾离开的行业。这个行业与那些绵延千年而仍有活力的各行各业一样，一定会随着时代的发展，科技的进步，与时俱进，升级迭代。在大环境不断改善的当今社会，总会有类似于网络货运平台这种适应性更强的运营管理模式与时代环境相伴而生——这是历史发展之必然。

第二，运输行业在我国三十多年前的计划经济向市场经济过渡的进程中，属于最先完全解构的行业。由曾经的国营或集体企业集中运营管理几乎迅速全面地退化为由一个个司机承包经营。而国家对公路货运的管理还在因循原有的思路和方法，无论是交通部门的经营许可制度，还是税务部门的课税发票制度，都与实际运行不相适应，导致这个行业为了满足管理上的表面合规而"发明"了一系列畸形的运作方式。如一辆辆由个体司机购买、驾驶、营运、管理的车辆要"挂靠"在既不运营又不管理的空壳式的运输公司名下。承运并收取运费的有车司机开不出发票而不得不向"黄牛"买发票，而有开发票资格的空壳运输公司却没有开发票的真实运输业务支撑。这些畸形"发明"还进一步衍生出种种弊端，已经到了全行业不得不想办法根治的严重程度。而网络货运平台模式几乎将此弊端一一克服——这是行业运行之必须。

第三，近十年来，以互联网、物联网、大数据、区块链、AI、5G 等为代表的新一代数字科技技术广泛应用于各行各业，"互联网+"的概念独领风骚，在传统行业推出了一批新的商业模式。这在客观上也为公路货运行业的推陈出新、改革创新做出了表率，启迪了行业中人，也吸引了跨界精英，尤其是引起了创投资本的青睐。各种新思维、新资源、新要素为这个古老行当的自新图强注入了活力。用"互联网+"或者"+互联网"的方式优化升级公路货运行业不仅是大势所趋，而且已经在实践中取得了网络货运平台渐渐接近成功的丰硕成果——这是社会进步之必选。

本著作研究了网络货运平台中的许多企业案例，中储智运、共生物流、西安货达、山西快成是其中比较有代表性的几家。作为先行的新模式探索者，中储智运等几家创投企业在向交通部门、税务部门申请支持网络货运平台的前身——无车承运人业务发展时，以传统的公路运输从业者的角度陈述了传统的公路运输业务运输及管理上的种种弊端，并且对如何利用新一代数字科技和"互联网+"的新模式一一解决问题等做了全面分析，赢得了管理者允许实验的开明支持，这是网络货运平台这一新业态得以蓬勃发展的前提。对此，中国物资储运协会代表行业表示衷心感谢!

  本著作研究团队在对多家网络货运平台进行跟踪调查的进程中,从多个角度做了科学的分析研究,形成了对网络货运这个新兴业态全景式的阐释。所以,本著作对方方面面的感兴趣者快速了解网络货运平台这一新兴业态大有裨益。从行业协会的角度看,更认为本著作已经为网络货运平台这个新兴行业规范发展做出了值得称道的贡献。因此,中国物资储运协会也代表行业对研究团队表示衷心的感谢!

中国物资储运协会会长
中储发展股份有限公司副总裁
李勇昭

前　　言

我国经济进入数字时代，网络货运作为物流行业数字化转型的代表，运用互联网的技术和共享经济的理念，在大数据、云计算、人工智能等技术的驱动下，通过智能定价、就近派车、路径优化等手段，提高物流行业效率，减少车辆空驶率，产生了良好的经济效益和社会效益。网络货运平台利用互联网手段和组织模式创新，有效地带动了物流市场的资源集约整合，对于促进物流行业的转型升级和提质增效具有重要作用。

中国物资储运协会联合西安邮电大学，在前期充分调研和多次研讨的基础上，编写了这本书，用于物流管理、物流工程、交通运输、电子商务等专业教学和行业职业知识技能培训，旨在培养优秀人才，推动行业高质量发展。

本书分为十章，主要内容包括网络货运平台概述、网络货运平台的发展历程及趋势、网络货运平台类型、网络货运平台的功能模块、网络货运平台核心能力建设、网络货运平台运力组织与管理、我国网络货运平台区域发展状况、网络货运平台对行业的价值、网络货运平台周边生态圈和典型网络货运平台案例。

本书由西安邮电大学物流学院副院长朱长征教授领衔编写。具体分工如下：第一章由西安邮电大学朱长征、樊雅婷编写；第二章由西安电子科技大学广州研究院谷沛翔编写；第三章由西安邮电大学朱长征、董培炎，陕西国防工业职业技术学院赵亮编写；第四章由西安邮电大学丁肖肖、朱长征编写；第五章由西安邮电大学杨莎、朱长征编写；第六章由西安邮电大学王佳编写；第七章由西安邮电大学丁肖肖、朱长征编写；第八章由青岛城市学院朱云桦编写；第九章由陕西服装工程学院谢萌、西安邮电大学吴滋菁编写；第十章由青岛城市学院朱云桦编写。全书由朱长征教授统稿。此外，参加文字校对的还有陈彦霖、杨雅蓉、张聪等。

本书在编写过程中，广泛参考、吸收了国内外众多学者、企业界人士的研究成果，在此，对本书所借鉴的作者、对撰写过程中提供帮助的单位和个人致以衷心的感谢！同时，有些参考资料由于无法确定来源和作者，因此没有在参考文献中列出，在此表示深深的歉意。

由于作者的能力和水平有限，有关方面的知识还需要进一步研究，有些观点还需要进一步接受检验。在本书的表述中会出现这样或那样的问题，敬请各位专家、读者提出宝贵意见并能及时反馈，以便重印时修改完善。

编 者

目　　录

第一章　网络货运平台概述 1

第一节　公路货运业发展 2
一、我国公路货运市场发展历程 2
二、我国公路货运发展现状 6
三、公路货运业在经济社会发展和综合运输体系中的地位和作用 8

第二节　传统货运组织模式及其局限性 9
一、传统货运组织模式 9
二、传统货运组织模式的局限性 13

第三节　网络货运平台的发展背景 16
一、网络货运的发展背景 16
二、网络货运的相关概述 17
三、网络货运平台线上服务能力 18

思考题 19

第二章　网络货运平台的发展历程及趋势 21

第一节　网络货运平台国内外的发展情况 22
一、国外网络货运发展情况 22
二、国内网络货运发展情况 25

第二节　我国网络货运平台发展面临的问题 33
一、网络货运平台之间的恶性竞争 33
二、人才短缺和技术支撑能力不足 33
三、定位不清，战略方向模糊 34

四、服务单一，产品单调 34

　　五、依赖资本，自我造血功能不足 35

　　六、部分网络货运平台开始出现脱实向虚的趋势，缺乏服务线下实体经济的
　　　　能力 35

第三节　网络货运平台的未来发展趋势 35

　　一、从控货型平台逐渐转变成开放型平台 35

　　二、向多式联运发展 36

　　三、市场份额加快向头部企业集聚 36

　　四、与货源提供商进行全方位战略合作 36

　　五、大力发展汽车销售以及汽车后市场 36

　　六、平台功能向智能供应链升级 37

　　七、新技术赋能网络货运平台提速换挡 37

　　八、行业标准化与规范化水平进一步提升 37

思考题 38

第三章　网络货运平台类型 39

第一节　网络货运平台基本情况 40

　　一、网络货运平台发展现状 40

　　二、网络货运平台主要类型 40

第二节　软件背景型网络货运平台 41

　　一、软件背景型网络货运平台概述 42

　　二、软件背景型网络货运平台特点 42

第三节　工矿业背景型网络货运平台 44

　　一、工矿业背景型网络货运平台概述 44

　　二、工矿业背景型网络货运平台特点 45

第四节　快递电子商务背景型网络货运平台 ································ 48
　　一、快递电子商务背景型网络货运平台概述 ································ 48
　　二、快递电子商务背景型网络货运平台特点 ································ 49
第五节　新兴网络货运平台 ································ 50
　　一、新兴网络货运平台概述 ································ 50
　　二、新兴网络货运平台特点 ································ 51
思考题 ································ 51

第四章　网络货运平台的功能模块 ································ 52

第一节　基础功能 ································ 53
　　一、信息发布 ································ 53
　　二、线上交易 ································ 55
　　三、全程监控 ································ 57
　　四、金融支付 ································ 58
　　五、咨询投诉 ································ 59
　　六、在线评价 ································ 60
　　七、查询统计 ································ 61
　　八、数据调取 ································ 61

第二节　其他功能 ································ 62
　　一、运力招采服务 ································ 62
　　二、维修保养服务 ································ 62
　　三、保险服务 ································ 63
　　四、智能化服务 ································ 63
　　五、油品服务 ································ 64
　　六、ETC 服务 ································ 65

七、二手车业务 65

　思考题 66

第五章　网络货运平台核心能力建设 67

　第一节　网络货运平台数字化能力 68

　　一、网络货运平台数字化概述 68

　　二、网络货运平台数字化对象 68

　　三、网络货运平台数字化的目标与功能 69

　　四、网络货运平台数字化能力建设的途径 70

　第二节　网络货运平台信用能力 73

　　一、网络货运平台信用能力建设的基础 73

　　二、网络货运平台信用能力评价指标 74

　　三、网络货运平台信用能力评价模型 75

　　四、网络货运平台信用能力建设 77

　第三节　网络货运平台供应链金融服务能力 80

　　一、网络货运平台供应链金融概述 80

　　二、网络货运平台参与供应链金融的优劣势 81

　　三、网络货运平台供应链金融服务运作模式 82

　第四节　网络货运平台定价与调度能力 84

　　一、网络货运平台运价影响因素 84

　　二、网络货运平台车货匹配模式 86

　　三、网络货运平台定价策略优化 89

　思考题 90

第六章　网络货运平台运力组织与管理 91

　第一节　网络货运平台运力概述 92

  一、网络货运平台运力的概念 92

  二、网络货运平台运力的分类 93

 第二节 网络货运平台临时运力的组织与管理 94

  一、网络货运平台临时运力概述 94

  二、网络货运平台临时运力的管理 95

 第三节 网络货运平台合同运力的组织与管理 97

  一、网络货运平台合同运力概述 97

  二、网络货运平台合同运力的管理 98

 第四节 网络货运平台自有运力的组织与管理 104

  一、网络货运平台自有运力概述 104

  二、网络货运平台自有运力的管理 105

 思考题 108

第七章 我国网络货运平台区域发展状况 109

 第一节 我国网络货运平台区域发展状况概述 110

  一、我国网络货运平台发展总体状况 110

  二、我国地区网络货运平台发展状况 112

 第二节 我国东部地区网络货运平台发展状况 113

  一、天津市网络货运平台发展状况 113

  二、山东省网络货运平台发展状况 114

  三、江苏省网络货运平台发展状况 115

  四、浙江省网络货运平台发展状况 116

  五、黑龙江省网络货运平台发展状况 116

  六、福建省网络货运平台发展状况 118

 第三节 我国中部地区网络货运平台发展状况 119

一、山西省网络货运平台发展状况 119

　　二、湖南省网络货运平台发展状况 120

　　三、湖北省网络货运平台发展状况 121

　　四、江西省网络货运平台发展状况 122

第四节　我国西部地区网络货运平台发展状况 124

　　一、陕西省网络货运平台发展状况 124

　　二、甘肃省网络货运平台发展状况 126

　　三、宁夏回族自治区网络货运平台发展状况 127

　　四、内蒙古自治区网络货运平台发展状况 127

思考题 128

第八章　网络货运平台对行业的价值 129

第一节　司机视角 130

　　一、提高业务收入 130

　　二、从业经营有保障 131

第二节　货主视角 131

　　一、多维度降低运营成本 131

　　二、净化交易环境 132

　　三、保障货物安全 132

第三节　平台运营者视角 132

　　一、实现信息化管理，构建运力资源池 132

　　二、助推企业平台化，数字化转型升级 133

　　三、以增值业务增加客户黏性 134

第四节　政府视角 135

　　一、创新运营监管模式 135

二、优化运输组织结构 136
　　三、加速标准化物流建设 136
　　四、有助于打造货运信用体系 137
　　五、顺应绿色发展趋势 138
思考题 138

第九章　网络货运平台周边生态圈 139

第一节　供应链金融 140
　　一、供应链金融简介 140
　　二、物流行业的供应链金融 141
　　三、网络货运平台中的供应链金融 145

第二节　保险 146
　　一、保险的含义 146
　　二、物流行业的保险 147
　　三、网络货运平台的保险 148

第三节　支付结算 151
　　一、支付结算的概念 151
　　二、支付结算的工具 152
　　三、物流行业的支付结算 152
　　四、网络货运平台的支付结算 155

第四节　油品服务 158
　　一、油品服务简介 158
　　二、物流行业的油品服务 159
　　三、油品服务在网络货运平台中的应用 161

第五节　ETC 163

一、ETC 简介 163

　　二、ETC 的发展 164

　　三、ETC 在货车行业的发展 164

第六节　电子签约 167

　　一、电子签约和电子签名 167

　　二、电子签约的优势 168

　　三、物流行业的电子签约 168

　　四、电子签约在网络货运平台的应用 171

第七节　汽车后市场 174

　　一、汽车后市场简介 174

　　二、公路货运行业的汽车后市场 175

　　三、与网络货运平台有关的汽车后市场 176

思考题 177

第十章　典型网络货运平台案例 179

第一节　中储智运网络货运平台 180

　　一、企业概况 180

　　二、业务简介 180

　　三、重点服务内容 184

第二节　G7 网络货运平台 187

　　一、企业概况 187

　　二、业务简介 188

　　三、重点服务内容 188

第三节　路歌网络货运平台 191

　　一、企业概况 191

二、业务简介 191
　　三、重点服务内容 192

第四节　安徽共生网络货运平台 193
　　一、企业概况 193
　　二、业务简介 194
　　三、重点服务内容 194

第五节　西安货达网络货运平台 196
　　一、企业概况 196
　　二、业务简介 197
　　三、重点服务内容 198

第六节　山西快成网络货运平台 200
　　一、企业概况 200
　　二、业务简介 200
　　三、重点服务内容 205

第七节　上海天地汇网络货运平台 207
　　一、企业概况 207
　　二、业务简介 208
　　三、重点服务内容 209

思考题 210

参考文献 211

第一章　网络货运平台概述

【教学目标】

- 了解我国公路货运市场的发展历程。
- 掌握我国传统货运组织模式的概念及功能。
- 理解我国传统货运组织模式的局限性。
- 掌握网络货运平台的概念。

随着我国国民经济的快速发展，公路货物运输在我国综合运输体系中的位置日益重要。交通部数据显示，近 20 年来公路货运量逐年增加，2020 年全国公路货运量约为 2000 年的 3.3 倍，公路货物运输业呈快速发展趋势。但是，公路货运业蓬勃发展的同时也存在着诸多问题，公路货运市场仍有一定的改善空间。因此，国家出台了一系列政策，支持网络货运等新兴业态的发展，以期提高公路货运的效率，降低公路货运的成本。本章主要论述传统公路货运组织模式及其存在的局限、网络货运平台的定义和特点。

第一节　公路货运业发展

与其他运输方式相比，公路货物运输可以实现"门到门"服务，具有机动灵活的显著特点，能够方便与其他运输方式进行有效衔接。自改革开放以来，在国家政策的大力倡导以及交通运输市场的全面开放下，我国社会经济水平快速增长，公路货物运输量呈现不断增加的趋势，行业发展成绩斐然。公路货物运输能力相比于 40 多年前有了质的提高，运输基础设施不断完善，运力水平逐渐增强，信息化水平有所提高，服务水平得以显著提升，公路货物运输业逐渐步入快速发展阶段。尤其是当下互联网的兴起，快递、干线等公路货物运输业务催生了越来越强劲的需求。目前，我国公路货物运输市场已发展成为全球第一大公路运输市场。

一、我国公路货运市场发展历程

改革开放以来，我国公路货运市场化程度不断提高，企业经营户数和从业人员数量增多，车辆升级速度加快，货物运量稳步增加。整个行业的快速发展，不但迅速缓解了运力紧张的局面，同时也对我国经济发展战略的实施、产业结构的优化升级、社会生活水平的改善做出了卓越贡献。公路货运行业已处于从粗放发展走向集约运营，从传统运输转型现代服务的关键阶段。我国公路货物运输市场发展历程见图1.1。

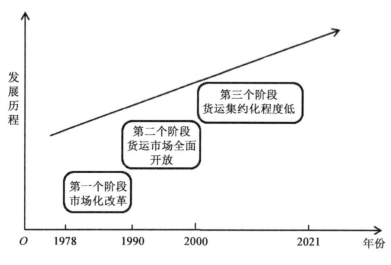

图1.1 我国公路货物运输市场发展历程

(一)初始阶段(1978—1990年)

改革开放初期，我国公路运输部门解放思想、深化改革，采取了一系列措施来提高运输能力，改善服务水平，努力满足社会各方面对公路运输的需求。例如，国家在公路运输领域实行"放宽、搞活"的政策，交通主管部门提出了关于公路货物运输业的市场准入政策及一系列的配套措施，包括1983年1月，中央明确农民个人和联户可以购置拖拉机和汽车从事生产及运输活动；交通部提出"有水大家行船、有路大家行车"的口号，鼓励个体运输发展新型运输联合体，支持"各部门、各行业、各地区一起干，国营、集体、个人以及各种运输工具一起上"。这些相关政策改变了公路运输的经济模式、管理方式、区域限制以及市场管理方式，是公路货运市场逐步步入市场经济的重要转折点。

多项政策的出台，调动了全社会参与公路运输的积极性，各地掀起了个人和联户购买拖拉机、汽车从事公路货物运输的热潮。随着大量个体经营业户的涌入和迅速发展，公路货物运输的供给能力得以大幅提高，在很大程度上扭转了货运市场运力不足的局面，计划经济时期遗留下来的"乘车难""运货难"等制约经济社会发展的"瓶颈"矛盾得到了基本缓解。与此同时，由于个体经营业户所占比例逐渐增大，致使货运市场结构发生了根本性变化。计划经济时期的公路货运主要经营主体为国有大中型企业，而在市场经济条件下，以中小企业、个体户为主，国有、集体等多种经济成分并存，形成依靠市场配置资源的基本格局，这不但活跃了公路货运市场，同时也加快了其市场改革进程，增强了其竞争力。

(二)快速发展阶段(1991—2000年)

从20世纪90年代初期开始，国有运输企业逐步转变观念，对计划经济体制下形成的经营管理模式、运行机制等进行了进一步的改革和调整。结合汽车运输生产流动、分散等特点，创造出了多种形式的承包经营责任制，通过改革、改组、改造和加强管理，努力提高效益。部分骨干企业通过兼并、收购等方式进行低成本扩张，成立运输集团，实行多元化的发展。

随着市场环境的逐渐变化，原有的国营专业货运企业在竞争中大面积亏损，相继倒闭，而运输个体户却不断发展壮大。这一时期货运行业的竞争已与20世纪80年代个体户与国营集体运输企业之间的竞争大不相同，货运行业的竞争主要发生在运输个体户之间。1992年，随着国有大型汽车货运企业解体、重组和兼并，公路货物运输市场全面开放，货运市场结构发生重大变化，从计划经济下的国有专业运输企业垄断市场转变为市场经济下的完全竞争市场。公路货物运输生产组织方式也从企业组织生产演变为个人承包经营的单车生产，再到"一车一户"独立经营的模式。

在货运市场开放初期，经营业用户快速增长，经营单位数量持续膨胀。面对日益激烈的市场竞争，大多数国有和集体大中型货物运输企业都采取了划小核算单位的措施，实行以车队或班组为单位的经营承包、个人单车营收承包、单车风险抵押或租赁经营承包等不同的经营形式。大量个体、联户及其他社会车辆的参与使公路货物运输市场组织结构更趋分散，公路货物运输呈显著的粗放状态，运输组织化程度降低，企业规模效益未能有效发挥。

同时，由于我国公路运输市场尚在培育和发展阶段，行业立法、司法和执法力度不够，经营者依法经营意识不强，管理部门无法对安全、服务质量、从业者素质和市场竞争环境进行有效的监管。总体来看，公路货运行业服务水平不高，服务差异化程度较低，行业发展逐渐进入过度竞争状态。

(三)提升阶段(2001年至今)

虽然个体运输的发展在一定程度上解决了运输企业资金短缺的问题，分散了企业经营风险，实现了低成本扩张，但其弊端也随之显现：第一，运输规模被限制在最小的范围，过度竞争市场结构使公路货物运输市场成为经营者恶性竞争的微利市场，原有的经营网络体系遭到破坏，车辆总体效率表现不理想，在运输市场中整体实力的发挥被严重削弱。第二，个体经营者只注重个人利益，运输经营者水平参差不齐、素质不一，分散的运力使运输主管部门监管困难，运输市场混乱。第三，运输过程中货损、货差时有发生，运输时间难以保证，运输市场信用机制缺失。第四，在分散的运输供给和需求结构下，运输市场信息沟通不畅。个体运输的极速发展使国内货运行业的集约化程度降低，公路货运行业经营主体呈现明显的"小、散、弱"特点，行业缺乏能够代表先进生产力发展方向，引领行业规模化、网络化经营的骨干龙头货运企业。

在目前的公路货物运输市场中，由于运力大于运量、运输市场分散程度高、货运信息不畅、中介无序运作等问题的存在，导致公路货物运输市场的揽货和信息成本偏高。而信息技术的发展及其在运输领域的应用，恰好可以改变公路货物运输市场的交易组织方式，政府部门、物流企业、IT产业纷纷开始重视物流运输信息平台的建设。

随着公路货运行业转型升级和高质量发展的推动，公路货运也迎来前所未有的发展新机遇。在未来，公路货运市场将呈现以下特点：货源增速放缓、需求升级，货运市场朝着市场组织化、集约化方向发展，货运企业效率化、精细化持续提升，货运行业更加数字化、平台化、协同化创新，行业政策环境日益改善等。

二、我国公路货运发展现状

(一)公路基础设施

自改革开放以来,公路交通得以蓬勃发展。1990年年底,我国公路总里程达到102.83万千米,其中高速公路522千米,一级公路261千米,二级公路42 177千米。随着国民经济的飞速发展,公路的建设浪潮如燎原之火。2010年以来,全国公路总里程不断增加。截至2020年年末,全国公路总里程达到519.81万千米,比上年增加18.56万千米。公路密度54.15千米/百平方千米,比上年增加1.94千米/百平方千米。2015—2020年我国公路总里程、密度情况见图1.2。

图1.2 2015—2020年我国公路总里程、密度情况

从公路等级来看,2020年年底,全国四级及以上等级公路里程494.45万千米,比上年增加24.58万千米,占公路总里程的95.1%,提高1.4个百分点。二级及以上等级公路里程70.24万千米,增加3.04万千米,占公路总里程的13.5%,提高0.1个百分点。

随着我国对交通基础设施重视程度的增加,公路建设的投资额在不断上升。2020年全年完成公路固定资产投资24 312亿元,比上年增长11.0%。其中，高速公路完成投资 13 479 亿元，增长 17.2%；普通国省道完成投资 5 298 亿元，增长 7.6%；农村公路完成 4 703 亿元，增长 0.8%。

(二)运输装备

近年来，我国民用载货汽车拥有量也逐年提高。2020 年我国民用载货汽车拥有量为 3 043 万辆，较上年增加 260 万辆，同比增长 9.34%。从 2015 年开始，我国私人载货汽车拥有量逐年增多，2020 年私人载货汽车拥有量为 1 907 万辆，较上年增加 153 万辆，同比增长 8.72%。

2020 年我国公路营运载货汽车数量为 1 110 万辆。2015—2020 年我国公路营运载货汽车吨位逐年增加，2020 年我国公路营运载货汽车吨位为 1.58 亿吨，较 2019 年增加 0.22 亿吨，同比增长 16.17%，如图 1.3 所示。

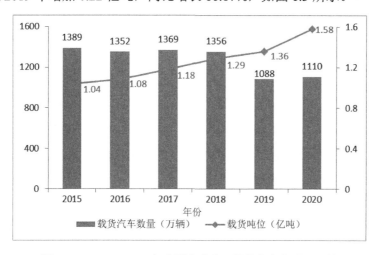

图 1.3　2015—2020 年我国公路营运载货汽车数量及吨位

(三)货运量与货运周转量

2015—2020 年，我国公路货运量呈现波动增长趋势，增长速度有所放缓(见图 1.4)。货运物品的属性也随之发生了很大变化，原来占据主力结构的原材料、能源等大宗货物的比重呈下降趋势，取而代之的是电子商务货物、工业产成品等生活消费品。2020 年，全国公路货运车辆完成货运量 342.62 亿吨，货运周转量 60 171.8 亿吨千米。

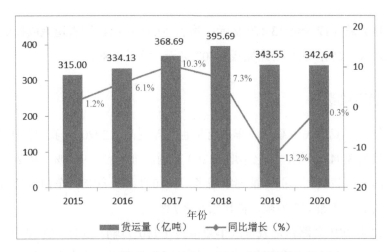

图 1.4　2015—2020 年我国公路货物运输量及增速

三、公路货运业在经济社会发展和综合运输体系中的地位和作用

公路货运业是主要的运输方式之一，是国家基础性、战略性的产业，是社会经济发展的重要组成部分，也是保障产业供应链稳定的关键环节。2020 年，公路货运行业共有经营业户 323.87 万户，营运货车 1 087.8 万辆，全年完成货运量 342.64 亿吨，占社会货运总量的 74%。

公路货运因其自身的机动、灵活的服务，在综合运输体系中具有举足轻重的地位和作用。综合运输体系强调不同货运方式之间的衔接，铁路、水路和航空等运输方式由于自身网络系统的局限性，往往主要依靠公路货运来完成货物集疏运任务。除某些特定情况(比如企业铁路线)外，只有公路货运能实现"门对门"运输。

公路货运业对保障就业起到了关键性作用。公路货运业开放时间早、从业人员多、准入门槛低，属于劳动密集型服务行业，是人民群众就业择业的重要领域。据交通运输部发布数据显示，2020 年，公路货运从业人员 1 728.73 万人，约占各种运输方式从业人员总数的 60%，为保障就业做出了重要的贡献。

公路货运是中西部偏远地区农村的唯一货运方式。由于中西部偏远地区农村地理条件复杂，公路货运成了连接其与城市货物交易的主要方式。目前，公路货运成为推动社会主义新农村建设的重要力量。

第二节　传统货运组织模式及其局限性

一、传统货运组织模式

(一)通过信息部进行货运交易

货运信息部的主要业务是将收到的货运信息发布出去，帮助货主联系相关车辆以完成运输任务，从中收取信息费。这种信息部分布广泛，分布形式也不尽相同。有的群聚在一起，依靠附近某个大型贸易市场，发布专业程度较高的物流信息；有的分布在城市的大街小巷，以满足城市里产生的相关物流需求。

1. 信息部的运营模式

信息部客户主要的来源是经营者个人的人脉资源，比如亲戚朋友介绍或者自身具备这些相关的市场资源。

信息部在完成货运订单时会对人员及车辆进行合适的选择。当收到货运需求信息时，信息部的经营者会仔细记录货品种类、数量、重量，要求何时到达，有无特殊需求等信息，随后根据货主的要求选择相对应的人员和车辆。在选择的时候会考虑车况，包括车辆承重情况、长宽高是否合适、是否符合特殊要求、汽车运行情况等；以及司机因素，包括驾驶水平、对线路是否熟悉、价格高低、是否有不良嗜好、信誉如何、责任心如何、承担风险的能力如何等。

2. 信息部的业务流程

根据货运信息部与货车司机关系的密切程度，其业务流程主要有以下两种。

(1) 货车司机与货运信息部的合作关系是属于长期性的，一般货运信息部会采用以下模式：发货人向货运信息部发出货运需求信息；货运信息部按照发货人的要求以及货物的特征等因素联系相应的人员、车辆和其他需要的设备；货车司机与货运信息部协商运输价格，并由货运信息部向发货人报价。在达成协议后，发货人与信息部签订货物运输合同，信息部与运输司机签订货物运输合同；司机按照事先约定的要求到发货人指定位置装载货物并安全运输到达目的地；到达后将货物交给接货人，接货人确认收货后签回单；司机将回单交给货运信息部，由信息部向发货人索取报酬；信息部抽取一定的经费，按事先约定向司机支付报酬。

(2) 货车司机与货运信息部的合作关系是属于偶发性的，一般货运信息部会采用以下模式：发货人向货运信息部发出货运需求信息；货运信息部按照发货人的要求以及货物的特征等因素联系相应的人员、车辆和其他需要的设备；货车司机与货运信息部协商运输价格，并由货运信息部向发货人报价。在运费、时间等方面达成一致后，发货人与货车司机签订道路运输合同；货车司机根据合同金额向货运信息部交纳一定的信息费；货车司机按照货主要求到指定的地点进行装载运输；货车司机将货物安全运输到指定地点交予收货人，收货人签发回单；货车司机将回单拿回给发货人，并得到相应的报酬。

(二)通过线下停车场进行货运交易

线下停车场通过满足货运车辆停靠休息需求以及货运信息部的入驻，使货车司机、信息部以及货主之间可以进行简单的货源、车辆信息交流。单个信息部能力资源有限，他们通过入驻停车场来形成一个规模较小的货运信息交流中心，主要工作是组织货源、受理托运，以此来更好地为货主方和承运车辆服务。

1. 线下停车场的运营模式

停车场经营者吸引货运信息部入驻，对进入停车场需要停靠休息或者货源信息的货车司机进行适当的收费来获取自身的收益。外地的货车司机可以在完成一单货物运输之后，进入停车场停靠休息的同时，直接咨询多个货运信息部是否有返程的货源或者合适的货源，来降低自己空车回程的概率。

2. 线下停车场的平面图

线下停车场是一个小型的货运信息交流中心，在此可以进行车源、货源的交流互通。其内部主要包括入驻的货运信息部以及停车场，如图1.5所示。

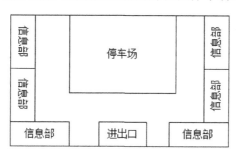

图1.5　线下停车场平面图

(三)通过线下货运站进行货运交易

线下货运站是承担公路货物运输的重要节点，是进行货物集散、暂存、装卸搬运、信息处理等活动的场所。在线下货运站，货主能够快捷、方便地寻找到承运人。

1. 线下货运站的核心功能

1) 基本服务功能

线下货运站的基本服务功能具体如下。

(1) 在货物的运输组织方面，线下货运站要安排货物发送人员、联络中转事宜、配载整体或零散货物等，整个过程需要实时掌握货流的各种信息，如货源的流向、货物的分布特征、自然环境的影响等，以便展开合理的货源调配和组织工作。

(2) 在运力方面，要针对不同的运输需求提供不同类型的车辆，保障运力资源，寻求运输量与运力之间的平衡；在运行组织方面，要根据货物的特点，周密地计划最佳运行路线和最佳运输方式，以便准确、安全地完成运输作业计划。

(3) 线下货运站的中转功能依托自身的场站空间得以完成，其中包括装卸、储存、搬运等各种操作环节。

(4) 货物的配送功能是按照客户要求，通过运输作业将货物送达目的地。信息服务需要依托现代化电子网络技术，对运营过程中的每一环节进行跟踪、管理、结算等。

2) 延伸增值功能

现代物流要求公路线下货运站为客户提供与货物运输有关的一体化服务，线下货运站的延伸服务由此产生，其中包括代收货款等金融服务。另外，还有生活综合服务功能，包括车辆的临时检修停靠、人员的食宿等，能为货主带来极大的便利。

2. 线下货运站的平面图

线下货运站的主要工作就是组织货源、受理托运、理货、编制货车运行作业计划，以及车辆的调度、检查、加油、维修等。站内一般设有办公调度室、专线运输、停车场以及仓库等设施，如图1.6所示。

图1.6 线下货运站平面图

(四)通过物流园区进行货运交易

物流园区是由统一主体管理，为众多企业在此设立配送中心或区域配送中心等提供专业化物流基础设施和公共服务的物流产业集聚区。相较于其他几种货运模式，物流园区具有规模更大、综合性更强、功能更丰富的特点。

1. 物流园区货运交易模式

某些物流园区不仅是物资分拨中心，也具备了信息交易中心的作用。通过在物流园区中设立信息交易大厅，可将零散的信息部集中起来，货车司机在物流园区停车场停车后，可以方便进入信息交易大厅，与信息部进行沟通，进行货运信息交易。

有些物流园区还设置了货运专线区，提供发往全国各地的货运专线服务。物流园区通过吸引专线入驻，构建覆盖全国的专线网络，提高服务当地货主的能力，也增加了物流园区在当地的影响力。

以传化公路港为例，传化公路港通过建设大型公路港平台集聚与整合物流资源，成功实现了物流企业和社会车辆这两大物流主体在平台内"集约化经营、信息化管理"的目标。

2. 物流园区平面图

物流园区具有综合各种物流方式和物流形态的作用，可以全面处理储存、包装、装卸、流通加工、配送等作业方式以及不同作业方式之间的相互转换。其内部设施主要包括信息交易大厅、专线运输部、仓库、停车场、分拨中心等，如图1.7所示。

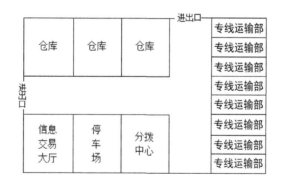

图1.7 物流园区平面图

二、传统货运组织模式的局限性

(一)车货匹配效率不高，造成货车空驶率高

我国公路货物运输经营主体规模小、数量多。全国公路货物运输企业现有

750多万户，平均每户仅拥有货车1.5辆，其中前20名企业所占市场份额不到2%，而美国的五大公路货运公司却占据了美国60%的市场份额。从经营运作看，我国公路货物运输处于"散兵游勇"状态，产业的组织化水平很低，90%以上的运力掌握在个体运营司机手中。我国公路货物运输集中度不够，使市场分散，货主和车主相互之间的信任也不足，信息化支撑较弱，导致车货匹配效率低下，车辆空驶率高。

传统的公路货运组织模式由于信息不对称，社会货物信息系统不健全，部分企业建立的物流信息系统规模小、信息量少、服务范围窄，导致货源信息和车辆信息无法及时匹配，分散的车主直接寻找货源存在信息障碍，出现"车找不到货、货找不到车"的现象。比如在车主找到合适的货源顺利到达卸货地后，由于信息不流通，车主需花费较长时间才能找到返程货源，若时间成本较高，车主就会选择空返。车货匹配成功的概率低是造成货车空驶率偏高的主要原因，不仅增加了运输成本，也造成严重的资源浪费。此外，对于特殊种类的货物运输来说，其回程配载难度更大。如商品汽车、危险品、冷冻及保鲜食品等，这些运输车辆受结构限制不能配载其他货物，回程路上无法有效地得到货源信息，很多车辆只能空车返回。随着市场上特种商品流通量的不断增加，如不积极合理组织，有效整合运输资源，实现资源共享，回程空驶现象将会更加严重。

(二)货主获得高质量服务的成本上升

在传统的货运市场中，货物运输信息化和网络化建设滞后，未形成强大、互联互通的信息服务体系，导致整个市场中货主与承运车辆之间的信息呈现碎片化、孤立化的状态，货主始终面临着如何快速找到合适的承运车辆的难题，对自身的利益造成了一定的影响。传统货物运输车辆分散，运输过程不透明，成本难控制，对接业务需要逐层沟通，这些问题都大大增加了货主的成本。

在传统货运市场中，具体到某条线路，货主的可选择范围小，会造成货运公司涨价、货主成本增加的现象。在货主寻找货运公司来进行货物运输时，还会出现一些问题。比如，所在的区域以及运输路线出现了无可用车辆的现象，因此货运公司需要启用车辆调度，额外花费时间在等待车辆调度上，从而产生调度费用，这些问题都会增加货主获得高质量服务的成本。

(三)运输组织时间长，效率低

传统的货运链条较长，参与者包括货主、货运代理方、物流公司、车队、个体司机等。整个运输过程涉及多个流程环节，货主将业务交给货运代理方，货运代理方交给物流公司，物流公司再交给车队，车队再交给司机。由于货主与车主无法垂直对接，代理方的介入使运输流程繁杂，大大增加了货物运输组织时间。大多数货车司机在到达目的地后需要经过烦琐的流程才能配到回程的货，大大增加了时间及运输成本；还有部分司机需要拿着运单，把货物送到目的地，接收人签字后，再拿着回单返回出发地才能进行结算，造成运输时间长，运输效率低。

在传统货运市场，还有一些货主需要用车时，往往需要通过中介将信息发布出去来寻找合适的车源，这在一定程度上增加了时间成本。而货主有时为了尽快找到车源，一份货运信息会交给两三个中介，增加了交易时间和成本，增加了承运双方的等待时间，造成"货车司机找货难、货主找司机难"的现象。

(四)经过层层转包后，司机端获得的收益减少

个体货车司机是我国公路货运市场的从业主体，占90%以上，其拥有的车辆数量占80%以上。相对于货运企业，个体货车司机需要自行寻找货源，承担运输风险。但近年来，由于车货运输供需比例的变化，车辆数量远高于货源数量，导致市场运价竞争恶性发展，货车司机所获收益逐年降低。

由于传统货物运输车辆、货物资源不集中，使公路货运市场存在着严重的"层层转包"现象，货主将货物运输外包给大型物流企业，大型物流企业又将其分包给不同的干线物流公司，干线物流公司再分包给支线物流公司，最后导致货车司机处在整个链条的最底端。货物运输流程的不透明化，导致货主与车主之间形成多层关系，增加了货主与承运车辆的交易流程和环节，增加了车辆等待时间，运输成本难以控制，货源经过层层转包，到达终端车主手中时，运

输成本甚至可能超过运费。

不健康的"层层转包"降低了承运双方信息沟通的效率和整个货运行业的运营效率，还导致了整个社会的货物运输服务成本增加，使货车司机的运输成本升高，大大减少了司机的收益。

(五)政府难以对公路货运行业进行有效监管

政府对公路货物运输的各个环节做出了严格的规定，设置了多个运输管理机构。但相互之间协调、配合不够，因此无法形成统一的管理模式。个别地方的运输管理机构管理层级多、关系复杂、内部协调困难，存在各自为政的现象，使政府对公路货运行业无法进行有效监管。

另外，公路货运市场主体太多，相关政府管理部门人员数量有限，因此难以对行业进行有效的监管。特别是公路货运行业信息化水平不高，行业监管平台少，因此政府对行业的管理缺乏统一的抓手。

第三节　网络货运平台的发展背景

一、网络货运的发展背景

信息技术在公路货运业的快速发展中起着强大的支撑作用，是推动其朝"互联网+"方向转型的重要推动因素。信息技术在货运行业的广泛应用，对于提高公路货运业的信息化管理水平、降低货运企业运输成本、适应市场需求变化等具有重要意义。

为了提高公路货运行业效率，近年来相关政府部门前后推出了无车承运人试点和网络货运管理办法，进一步融合互联网平台与数字化技术，促使货运全网互联互通，借助智慧物流模式进行行业升级。随着互联网大潮流的发展，货运行业逐步走向平台化、智能化。网络货运平台的核心价值，就在于通过利用互联网技术，整合全国范围内的车源和货源，打破原有物流行业的"熟人经济"与"物流区域化"限制，形成覆盖全国的货源、运力"资源池"，提高组织优化、集约化程度，降低社会和企业的物流成本。

二、网络货运的相关概述

(一)网络货运经营

网络货运经营是指经营者依托互联网平台整合配置运输资源，以承运人身份与托运人签订运输合同，委托实际承运人完成道路货物运输，承担承运人责任的道路货物运输经营活动。网络货运经营不包括仅为托运人和实际承运人提供信息中介和交易撮合等服务的行为。《网络平台道路货物运输经营管理暂行办法》对网络货运经营者有关承运车辆及驾驶员资质审核、货物装载及运输过程管控、信息记录保存及运单数据传输、税收缴纳、网络和信息安全、货车司机及货主权益保护、投诉举报、服务质量及评价管理等做出了系统规定，合理界定平台责任，规范平台经营行为。

(二)承运人

实际承运人是指接受网络货运经营者委托，使用符合条件的载货汽车和驾驶员，实际从事道路货物运输的经营者。

承运人的责任期间是指从托运人处接收货物时起至收货人处交付货物时止，货物处于承运人掌管之下的全部期间。货物发生灭失或者损坏，承运人应当负赔偿责任。

承运人将货物运输委托给实际承运人履行的，除合同另有约定，承运人仍然应当对全部运输负责。

(三)网络货运边界：网络货运经营者承担承运人责任

网络货运经营者与货运代理人和货运经纪人相比，其法律地位、风险责任都有所不同，详细见表1-1。

表 1-1　网络货运经营者的责任边界

项　目	网络货运经营者	货运代理人	货运经纪人
法律地位	缔约承运人	中介组织	中介组织
风险责任	作为承运人，承担运输过程中所有的责任和风险	代表货主，承担代理合同内规定的责任和风险	仅承担承运人和托运人之间的撮合责任，撮合成功后其责任义务即结束
与托运人的关系	签署运输合同	签署委托合同	签署居间合同
与实际承运人的关系	签署运输合同	以托运人的名义签署运输合同	签署居间合同
利润点	运费差价	代理费用	撮合费用

三、网络货运平台线上服务能力

网络货运平台是网络货运经营者根据国家有关规定建立的从事网络货运经营业务的线上平台，平台需满足《网络平台道路货物运输经营服务指南》中线上能力要求，以及八大基本功能要求。网络货运经营者应在网络货运平台中充分利用大数据、云计算、卫星定位、人工智能等技术整合资源，应用多式联运、甩挂运输和共同配送等运输组织模式，实现规模化、集约化运输生产。

根据《网络平台道路货物运输经营服务指南》，网络平台的线上服务能力应包括以下条件：

(1) 取得增值电信业务许可证(公司名称与网络货运经营申请人名称一致)。

(2) 符合国家关于信息系统安全等级保护的要求(单位名称与网络货运经营申请人名称一致，建议取得三级及以上信息系统安全等级保护备案证明及相关材料)。

(3) 网络平台接入省级网络货运信息监测系统。

(4) 具备信息发布、线上交易、全程监控、金融支付、咨询投诉、在线评价、查询统计和数据调取八项功能。

思 考 题

1. 简述几种传统货运组织模式的优缺点。
2. 网络货运经营者、货运代理人与货运经纪人的责任边界有什么不同?

第二章　网络货运平台的发展历程及趋势

【教学目标】

- 了解国内外网络货运平台的发展历程。
- 熟悉车货匹配平台、无车承运人与网络货运平台的区别。
- 了解我国网络货运平台的发展趋势。

本章介绍网络货运平台在国内外的发展情况，重点分析中国网络货运的发展历程，阐述我国网络货运平台发展面临的几个问题，剖析我国网络货运平台的发展趋势。

第一节　网络货运平台国内外的发展情况

一、国外网络货运发展情况

(一)美国无车承运人发展情况

1. 政策支持方面

美国无车承运人发展势头迅猛的很大一部分原因是美国政府制定了支持无车承运人发展的政策，这些政策起到了非常重要的作用。

1935 年之前，美国没有出台监管措施，导致当时的无车承运业务非常混乱。为了改善行业经营环境，美国政府在 1935 年颁布相关政策，采取缴纳强制性保险，严格规范经营范围，对整个无车承运行业设置了极高的准入门槛。自此，无车承运公司受到诸多的限制，很难拓宽市场，同时还要承担高昂的运营成本。在此期间，整个美国只有几十家无车承运人，无法满足当时的经济社会发展需求。

1980 年美国政府颁布《公路运输解禁法案》，放宽无车承运公司的准入门槛，允许货运公司自主定价，开放州际之间的货车互通，明确了无车承运人的职责，大力支持发展无车承运人这一业务。该政策颁布之后的十多年间，美国无车承运人公司从 70 多家增长到了 10 000 多家。并涌现出许多优秀的无车承运人企业，例如，TRANSFIX 公司、C.H. Robinson 等。C.H. Robinson 是一家位于北美的第三方物流供应商，利用其他公司的卡车、火车、轮船及飞机安排运货服务，成立至今已有 100 多年的历史，已经成为美国第一的卡车运输公司，全球货运排名第七位。2019 年，该公司全年赢利 6.6 亿美元，同比增长

31.6%，营业收入 166 亿美元，同比增长 11.8%。

2. 美国无车承运企业发展模式

美国无车承运发展到现在已经演化成多种经营模式，归纳起来主要有以下四种：第一种是轻资产模式。该模式指的是自身没有车队，但是以敏锐的商业直觉，快速抓住市场机遇，以完善数据平台为根基为相应的顾客提供无车承运经营方式。第二种是资产与技术密集型模式。该模式指的是自身从事货物运输业务，同时也为客户提供运输方案咨询和设计等服务。第三种是综合型承运服务提供模式。该模式不仅自身能够承担货物运输，而且也能够提供仓储、配送、多式联运等一体化的物流运输增值服务。第四种是第三方物流轻资产的中介运营模式。该模式一般指的是知识密集型企业，他们自身没有车队，只为托运人提供快速优质的货物运输方案，为承运人提供全供应链条的优化与改善，帮助承运人降低运输成本，从而获取最大利益。

(二)日本车货匹配平台发展情况

1. 政策支持方面

日本道路运输业主要由中小企业构成，其市场规模占日本物流市场总规模的六成左右，与中国的物流运输市场结构非常类似。作为一个发展相对成熟且竞争较为激烈的市场，日本道路运输业同样面临返程空车的问题。许多货主企业在旺季发货的时候找不到车辆，而运输企业又在淡季面临货源不足、空车闲置的情况。针对此现象，日本开展大量研究，并在实践活动中摸索和推广不同的解决方案。其中，车货匹配平台就是应用比较广泛、较为成功的一种解决方案。

日本通过计算道路货物总运输量和运输周转量指标发现，营业用卡车完成道路货物总运输量的 68%，道路货物运输周转量高达 86.3%，日行驶里程数是企业自用卡车的 1.14 倍，每吨货物的平均运距是企业自用卡车的 2.97 倍，运输效率是企业自用卡车的 10 倍。考虑降低环境负担、减少能源消耗、提升卡车装载率等因素，日本政府于 1990 年 12 月颁布并实施《货物汽车运输事业法》

和《货物利用运送事业法》两部法律法规，积极推进企业自用卡车转为营业用卡车完成运输业务。

其中，《货物汽车运输事业法》放开对市场准入方面的限制，将原来营运需要政府批准的方式改为许可制，只要满足相关条件都可以经营汽车运输；废除原来统一规定的运价，实行运费申报制，可以采用弹性运费，原则上运价可依据市场情况进行自由定夺；取消营业区分的限制，更好地为汽车运输企业在广域中进行网络性运输创造条件。

随着进入者增多，汽车运输企业面临更加激烈的市场竞争环境。科学调节货物与车辆的供需关系，有效提升卡车运输实载率成为新的难题。《货物利用运送事业法》是针对承接运输代理业务的企业，原来的法律中规定运输代理企业自己是不能进行货物运输的，如果需要利用其他运输企业的运输工具进行经营活动，需要得到有关运输管理部门的批准。新的《货物利用运送事业法》颁布之后，这些规定都被取消，联运业务放开，企业利用各种运输工具更加容易，更多的企业得以参与运输业。货物利用运输商成为一种类似于"无车承运人"的业态，他们不拥有实际的交通工具，但是为客户完成运输服务，并承担相应的运输责任。

两部法律法规的核心理念在于强化社会规则监管，放宽经济管制和行业准入许可，为道路运输业发展提供制度保障，充分促进道路运输业的市场竞争，提高物流运输效率。在此基础上，日本政府进一步广泛利用相关的信息通信技术，搭建车货匹配平台以减少货车空载率，提高运输效率，降低运输成本。

2. 日本车货匹配平台发展模式

随着日本政府相关政策的出台及信息技术的发展，日本车货匹配平台也迎来了发展的契机，其运营模式有以下三类：第一类是自用车货匹配平台。该类型指的是一些运输业务量和需求量较大的企业，基于自身的情况，搭建自有的车货匹配平台来满足车与货快速匹配、整合社会货车的需求，提升企业本身的运输效率。第二类是社会化运营的车货匹配信息平台。该类型指的是基于市场需求搭建的面向全社会的车货匹配平台，供使用方在平台上快速达成"车找货"

"货找车"。第三类是货物利用运输商开展的无车承运业务。该类型指的是货物利用运输商利用外部货车帮助货主完成运输业务并承担相应责任。

日本车货匹配平台发展到现在已诞生了一些非常优秀的企业,例如,JL联合会、TRANCOM公司等。JL联合会成立于1989年,注册资本为6 600万日元。2016年JL联合会总交易金额大约为539亿日元,当年登录系统成交单数85万件。www.tranavi.net是由TRANCOM公司在2007年建立的车货匹配平台,该平台是日本最大的车货匹配平台。在全日本设有41个信息中心,车辆调度人员为600人,合作了约13 000家公司,平均每天成功匹配车次达到5 500车次,平均每月成功匹配车次达到120 000车次。

二、国内网络货运发展情况

(一)政策支持方面

近年来,我国从无车承运人到现在的网络货运平台发展势头迅猛,很大一部分原因是政府制定了支持无车承运人和网络货运平台发展的推动政策。表2-1列举了近些年的相关政策。

表2-1 推动我国网络货运平台发展的相关政策

发布时间	颁布机构	名称	支持网络货运平台发展的相关内容
2013年	交通运输部	《关于交通运输推进物流业健康发展的指导意见》	完善相关法律法规,强化对无车承运人的规范化管理
2014年	交通运输部	《关于全面深化交通运输改革的意见》	支持无车承运人管理方式的创新
2015年	交通运输部	《贯彻实施<交通运输部关于全面深化交通运输改革的意见>重要举措分工方案》	要求交通部运输司牵头完善并支持无车承运人管理方式的创新
2015年	国务院	《关于加快构建大众创业万众创新支撑平台的指导意见》	推动无车承运业务的发展,同时完善无车承运业务的市场准入制度

续表

发布时间	颁布机构	名称	支持网络货运平台发展的相关内容
2015 年	国务院	《关于推进线上线下互动加快商贸流通创新发展转型升级的意见》	鼓励无车承运人发展
2015 年	交通运输部	《关于改善公路货车司机生存状况的建议》	鼓励和规范无车承运人相关企业的发展
2016 年	财政部、税务总局	《关于全面推开营业税改征增值税试点的通知》	无运输工具承运业务，按照交通运输服务开具 11%的增值税发票
2016 年	国务院	《关于深入实施"互联网+流通"行动计划的意见》	开展道路货运无车承运人试点工作，允许试点范围内无车承运人开展运输业务
2016 年	国务院	《关于转发国家发展改革委营造良好市场环境推动交通物流融合发展实施方案的通知》	重点推进无车承运模式的发展，组织开展道路货运无车承运人试点
2016 年	交通运输部	《关于推进改革试点加快无车承运物流创新发展的意见》	制定我国无车承运人试点工作的实施细则及要求
2016 年	交通运输部	《关于推进供给侧结构性改革 促进物流业"降本增效"的若干意见》	推动道路货运无车承运人发展
2016 年	交通运输部、工业和信息化部、公安部、工商总局、质检总局	《关于进一步做好货车非法改装和超限超载治理工作的意见》	加快推进无车承运人运输组织方式，促进货运企业规模化经营、网络化发展，提升产业发展水平
2016 年	国务院	《降低实体经济企业成本工作方案》	推动无车承运人业务加快发展

续表

发布时间	颁布机构	名称	支持网络货运平台发展的相关内容
2016年	国务院	《关于转发国家发展改革委物流业降本增效专项行动方案(2016—2018年)的通知》	支持依托互联网平台的无车承运人发展，同时要求交通运输部和税务总局在2017年年底前完成交通运输业个体纳税人异地代开增值税专用发票管理制度
2017年	交通运输部、财政部、铁路局、民航局、邮政局等	《关于鼓励支持运输企业创新发展的指导意见》	推进无车承运企业对接供需信息，促进其发展；支持轻资产平台型物流企业发展，推动其向无车承运人转型
2017年	国务院	《"十三五"现代综合交通运输体系发展规划》	积极发展无车承运人企业
2017年	交通运输部	《推进智慧交通发展行动计划(2017—2020年)》	引导和推动无车承运人快速发展
2017年	交通运输部	《关于做好无车承运试点运行监测工作的通知》	监测无车承运试点工作规范运行
2017年	交通运输部、国家发改委、教育部等十四个部门	《促进道路货运行业健康稳定发展行动计划(2017—2020年)》	深入推进无车承运人试点工作，提升无车承运人资源整合能力，制定出台无车承运人管理办法，引导无车承运人相关企业规范化运行
2017年	交通运输部	《关于进一步做好无车承运人试点工作的通知》	要求做好无车承运试点的监测工作，同时考核相关试点企业
2018年	交通运输部	《关于公布无车承运人试点考核合格企业名单的通知》	对考核合格的试点企业延续试点期一年；对不在考核合格试点企业名单内的企业，终止无车承运人试点资格
2018年	财政部、税务总局	《关于调整增值税税率的通知》	无车承运企业的增值税由11%降为10%

续表

发布时间	颁布机构	名称	支持网络货运平台发展的相关内容
2018年	交通运输部	《关于深入推进无车承运人试点工作的通知》	优化无车承运企业发展的外部环境；完善税收政策，降低试点企业税负；强化试点企业运输安全管理；支持试点企业创新发展；鼓励支持企业合作发展
2018年	交通运输部	《关于无车承运人试点综合监测评估情况的通报》	加强重点督导，提高试点企业整体发展水平；推动完善税收征管制度，切实解决个体运输户申请代开增值税专用发票问题
2019年	财政部、税务总局、海关总署	《关于深化增值税改革有关政策的公告》	无车承运企业的税率由10%下调为9%
2019年	交通运输部、税务总局	《网络平台道路货物运输经营管理暂行办法》	从2020年开始无车承运人更名为网络货运经营者；制定相关政策规范网络货运经营健康有序发展
2019年	交通运输部	《网络平台道路货物运输经营服务指南》	规定网络货运平台的服务功能、服务流程以及安全风险管控等内容
2019年	税务总局	《关于开展网络平台道路货物运输企业代开增值税专用发票试点工作的通知》	纳入试点的网络货运平台可以为符合相应条件的货物运输业小规模纳税人代开增值税专用发票，并代办相关涉税事项
2020年	交通运输部	《关于进一步做好网络平台道路货物运输信息化监测工作的通知》	确定网络货运平台信息化监测评估指标体系
2021年	交通运输部	《交通运输部关于服务构建新发展格局的指导意见》	规范网络货运发展，推动物流组织模式创新

(二)网络货运平台发展历程

我国网络货运平台是从起初车货匹配平台、无车承运人发展而来的(见图2.1),在这期间经历了更新、完善、迭代,发展到现在其运作模式逐渐成熟起来。

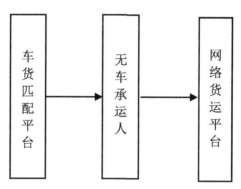

图 2.1 网络货运平台的发展历程

1. 车货匹配平台阶段

1) 车货匹配平台的诞生历程

在车货匹配平台出现之前,货物运输的交易阶段基本上是在线下达成协议的。但是由于受到时间和空间的限制,我国货运市场上常常存在的一种状态是"空车找不到货物,货主找不到合适的货车来进行运输",车与货物很难进行匹配,货车实载率远低于发达国家80%~95%的水平。这种状态就导致了行业中运输成本过高,社会资源浪费。为了解决车货信息不对称及"人找车难、车找货难"的问题,车货匹配平台应运而生。

2) 车货匹配平台的定义

车货匹配平台是以互联网为基础,充分利用在线平台实现运输环节的去中介化,通过互联网技术提高信息检索能力和匹配效率,减少因为信息不对称造成的种种问题。车货匹配是货主方和承运方的信息流管理,目的是使车主和货主匹配到合适的订单。车货匹配平台的实质是信息交易平台,车货匹配平台的主要赢利模式有收费会员制、集中揽货和竞价调车、货运公开交易、销售增值服务等。

3) 车货匹配平台的功能

车货匹配平台主要具有以下功能。

(1) 车货信息匹配功能。为货主提供满足自身需求的车源、各类车辆的详细内容和为车主提供货源信息、货源类型和线路信息等详细内容，同时可以帮助货主随时掌握车辆位置和联系方式，帮助车主在返程中获取周边货源信息。

(2) 提供在线支付功能。基于"互联网+"背景，平台可以利用网银、支付宝、银行的担保支付交易平台来支付信息费、运输费和货款等，不仅方便了客户线上支付，同时降低了平台上货源方的支付风险和车主的承运风险。

(3) 安全监管功能。借助于 GPS、北斗系统、RFID 等物流技术，对车辆运输中的信息进行动态监控，掌握货物的在途信息。

(4) 交易评价功能。大部分的平台在交易界面设置了车货双方信用互评功能，通过保存交易评价记录，实现交易过程中服务的透明化和公开化，从而给其他用户提供参考。

(5) 拓展服务功能。针对用户群体推出的附加功能，例如天气情况推送、路况信息推送、新闻资讯推送；针对货主端(主要指物流公司、信息部、第三方货物代理)推出的车辆定位、车辆调度、管车控车服务；还有针对货车司机的住宿、加油、维修等服务。

4) 车货匹配平台应用情况

车货匹配平台应用情况具体如下。

(1) 满帮集团。2017 年 11 月 27 日，运满满与货车帮联合宣布战略合并，双方将共同成立满帮集团。满帮集团自成立之初就开启快速发展模式，致力于打造从进行简单收集数据到"大数据物流产业+金融"的发展模式，再到涵盖卡车司机生产、生活方方面面的卡车全生命周期、物流全产业链的生态平台。满帮集团经过短短的两年发展，截至 2019 年年底，该平台已汇聚超过 700 万名全国卡车司机、225 万家物流企业，业务覆盖城市 339 个，覆盖线路数量超过 11 万条，全平台单月在线交易额超过 30 亿元，日均交易突破亿元。

(2) 货拉拉。货拉拉于 2013 年诞生，是一家从事同城、跨城货运、物流服务、搬家、零担、汽车租售及车后市场服务的互联网物流商城。货拉拉通过共享模式整合社会运力资源，完成海量运力储备，并依托移动互联、大数据和人工智能技术，搭建"方便、科技、可靠"的货运平台，实现多种车型的即时智能调度，为个人、商户及企业提供高效的物流解决方案。截至 2020 年 9 月，货拉拉业务范围已覆盖 352 座城市，平台月活跃司机 48 万名，月活跃用户达到 720 万名。

2. 无车承运人阶段

1) 无车承运人的诞生历程

车货匹配平台属于信息撮合的一种，虽然解决了物流信息不对称的问题，但是该类平台在运输全过程中不承担风险与责任。为了保障物流市场健康发展，交通运输部于 2016 年发布了《关于推进改革试点加快无车承运物流创新发展的意见》，其中明确规定了无车承运人所要承担的运输责任，而且无车承运人平台需要取得相关无车承运人资质后才能开展运营，同时运营企业需要拥有一定的风险赔付能力。

2) 无车承运人的定义

无车承运人是由美国 truck broker(货车经纪人)这一词汇演变而来的，是无船承运人在陆地的延伸。无车承运人是以承运人身份与托运人签订运输合同，承担承运人的责任和义务，通过委托实际承运人完成运输任务的道路货物运输经营者。无车承运人具有双重身份，对于真正的托运人来说，其是承运人；但是对于实际承运人而言，其又是托运人。无车承运人一般不从事具体的运输业务，只从事运输组织、货物分拨、运输方式和运输线路的选择等工作，其收入来源主要是规模化的"批发"运输而产生的运费差价。

3) 无车承运人的特点

无车承运人具有以下特点。

(1) 整合社会零散资源，有利于行业规模集约化发展。多年来我国道路运输行业一直处在"多、小、散、弱"状态，整体运行效率不高。无车承运人依托互联网平台集约整合车辆、货源、站场等社会物流资源，有效解决零散运力的资源协同、管理协同和组织协同，充实货运组织中间层和完善货运体系架构，优化货运市场发展格局。

(2) 减少车辆空载率，降低运输成本。无车承运人依据互联网先进技术，搭建起车辆与货物资源集约型平台，将车与货精准、高效、快速地匹配起来，使货车的空载率、货物的等待时间大幅度减少，实现降本增效的目的。

(3) 运用先进信息技术，提升风险抵抗能力。无车承运人利用先进的技术对其平台进行建设改造，具备敏捷的市场反应力。

(4) 以轻资产模式运营，有助于提升竞争力。无车承运人顾名思义是"无车"，即无须采购货物运输车辆，轻资产的运营模式不但容易扩展企业规模并使投入的成本有所降低，而且企业可以将有限的资金用于获得更多的信息资源，扩展无车承运的营运和服务范围，从而提升企业的核心竞争力。

3. 网络货运平台阶段

1) 网络货运平台的诞生历程

2019 年，交通运输部和国家税务总局联合发布《网络平台道路货物运输经营管理暂行办法》，网络货运平台由此诞生。网络货运平台是无车承运人的升级，过去无车承运人定位在第三方，未来网络货运平台将着重定位于平台，其经营范围、税务管理及规范制度会更加细分，对数据化的运营提出了更高的要求。网络货运平台具有资源整合能力强、品牌效应广、网络效应明显等特点，利用互联网手段和组织模式创新，有效促进货运市场的资源集约整合和行业规范发展，对于促进物流货运行业的转型升级和提质增效具有重要意义。对于网络货运平台，规模化发展、人工智能、大数据分析等先进技术在行业的应用会更普遍，整合与掌握货源和运力的平台将更有竞争力，满足复杂多样的供应链物流需求，符合更多的物流运输模式。

2) 网络货运平台的整体发展情况

网络货运作为物流行业数字化转型的新业态代表，获得资本市场的青睐，近年来平台数量大增，市场前景广阔。但整体而言，当前使用网络货运平台的货主和运力仍属少数，平台能力也参差不齐，我国网络货运行业尚处于初级发展阶段。

自《网络平台道路货物运输经营管理暂行办法》实施以来，全国共有983家网络货运平台企业(不含分公司)获得网络货运资质，主要集中在北京市、上海市、江苏省、天津市、浙江省等，其次是安徽省、山西省、河南省、陕西省等。基本上各省也都完成了省监管平台的搭建。企查查数据显示，2020年网络货运相关企业注册数量同比增长68%，比往年增速大幅提升。由于目前处于政策实施早期，很多企业对网络货运的理解还不够深入，其中不乏大量仓促取得资质的平台，实际技术能力、运营能力不足以支撑平台持续运营。网络货运企业主要由原无车承运试点企业、车货匹配平台企业、传统物流企业转型发展而来。

第二节　我国网络货运平台发展面临的问题

一、网络货运平台之间的恶性竞争

网络货运平台的诞生促进了运输资源的整合，但是有些网络货运平台为了抢占市场，采取私定运价、压低货车运价的策略，导致货车司机的收入低于正常收入，引起众多货车司机的不满。网络货运平台应依靠流程创新、技术创新等方式来降低成本。要制定与市场相匹配的定价机制，不能损害承运方的利益。

二、人才短缺和技术支撑能力不足

网络货运平台需要大量的高端信息化人才，但由于行业发展时间不长，且能提供的薪酬与互联网企业相比有一定的差距，对高端人才的吸引力有限，普遍面临着优秀人才短缺的问题。很多网络货运平台由于缺少在大数据、云计算、人工智能方面的高端人才，造成自身研发能力欠缺，技术支撑能力不足，进而影响平台的运营效率。

三、定位不清，战略方向模糊

从 2020 年"网络货运"这一名词诞生到现在，网络货运平台迎来了快速发展阶段，我国涌现出众多的网络货运平台。然而，快速发展的背后存在着很多平台定位不清晰、对未来的战略规划不明确等问题。作为网络货运平台的运营企业应该更多地考虑清楚自身到底能够为客户带来什么样的价值，和其他平台相比所提供服务的差异点在哪里，用户为什么要选择这个平台，若不明确平台在安全、服务时效、响应效率、货主行业选择等方面的服务定位，平台的未来发展将岌岌可危。

四、服务单一，产品单调

就现在而言，大多数网络货运平台的功能仅仅包含信息发布、车找货、货找车等基础需求，而这些基础需求往往并非痛点，也有可能并非刚需。以服务专线为例，缺货的专线只是一部分，缺运力的也只是一部分，平台如果针对专线更多的痛点，比如管理、资金、网络化、人才、产品设计、品牌服务、战略发展等多个方面来进行设计服务，那么该平台的竞争力定会大幅度提升。显然，面对全新的发展机遇，网络货运平台的服务内容不应停留在单一的物流层面，而是应该更趋于多元化。平台企业需要积极开展社会化服务工作，通过充分整合社会资源，为货主和车主提供燃油、保险、金融等方面的定制化、个性化服务，切实推动物流行业高质量发展。

除此之外，多数网络货运平台上的产品过于注重表面上的功能、美观，而忽略用户作为物流参与方在客户关系、操作时效、响应效率、物流成本、信息保密、货主业务私有化、物流调度与管理等方面对服务特色的诉求，导致产品过于单一甚至体验单调乏味，过于迎合互联网，脱离物流需求。最终从结果上看，这类物流平台只有一个貌似平台的平台，看似一大堆用户，看似有很多交易量，实际活跃者极少，真正为平台自身带来的收入以及为平台用户带来的效率、成本、服务等方面的实际价值却是少得可怜。这种情况值得反思，若不围绕用户需求、工作效率、服务体验等真真切切的客户需求进行研发、迭代更新，平台的发展可能是一片黑暗。

五、依赖资本，自我造血功能不足

在过去的一段时间内，网络货运平台一直是物流行业非常热门的名词，从事网络货运平台的企业也会比较容易从外部获得大量的资金投入。然而，因为新冠肺炎疫情等众多因素的影响，网络货运平台越来越难以获得外部资金的投入。没有大量的资金投入，平台出现价值贬值、融资乏力、大举裁员等现象。更有甚者，由于没有外部资金的注入，资金链断裂，最终导致破产倒闭。

六、部分网络货运平台开始出现脱实向虚的趋势，缺乏服务线下实体经济的能力

部分网络货运平台在发展过程中，开始出现脱实向虚的趋势，采用互联网企业的营销手段，片面追求用户量，忽视了平台核心能力的建设。缺乏专业的线下物流运营团队，不能针对特定的用户提供个体化的解决方案。在服务内容、服务效率、服务特色方面存在诸多问题，服务线下实体经济的能力欠缺。

第三节　网络货运平台的未来发展趋势

一、从控货型平台逐渐转变成开放型平台

控货型平台指的是大型制造业、商贸业、电子商务平台、合同物流企业搭建的网络货运平台，大多是货主方主办的，服务于自身。从长远发展来看，在

满足自身的承运需求、平台流畅运转的前提下，控货型平台逐渐向开放型平台转变，这是未来发展的趋势。向外部开放，意味着将平台作为第三方的平台，向外部人员提供更多的优质服务，不仅能够提升市场的占有率，而且也能够增加公司的利润。

二、向多式联运发展

目前，公路货运市场上的货物与车辆均呈现出多、小、散、乱的局面，货物与车辆信息很难匹配，导致多式联运中车辆、船舶、列车的空驶率居高不下。这其实正为网络货运提供了发展契机。网络货运平台可以通过智能调度大数据信息管理系统，统一收集分散于不同地点和货主的小、散货物，从而缩短时间，最大限度地实现运输任务和运力资源共享，降低车辆空载率，提升平台的竞争力。

三、市场份额加快向头部企业集聚

网络货运市场开放以后，获得网络货运资质的企业越来越多。但总体来看，经过一段时间的竞争，市场份额加快向头部企业集聚。一些头部企业发展势头越来越好，绝大多数网络货运企业市场份额有限，市场竞争力弱。

四、与货源提供商进行全方位战略合作

网络货运平台可以通过业务或股权的战略合作，与货源提供商建立全方位的协作，构建服务网络，向货主企业提供全面的供应链可视化管理，持续改善供应链管理效率。

五、大力发展汽车销售以及汽车后市场

基于平台历史积累的业务数据，推动汽车销售业务以及汽车后市场产品或

服务的销售。业务拓展带来的成本结构以及利润结构的变化,可以为平台承接中大企业客户业务带来更大优势,二者相互促进增长。但在这个过程中,也要保证平台承运业务自身运营水平的稳定。

六、平台功能向智能供应链升级

新型冠状病毒肺炎疫情防控过程中暴露出我国供应链服务体系缺乏协同、弹性较弱等不足。2020年12月,中央经济工作会议部署了增强产业链供应链自主可控能力的任务。对于运营网络货运平台的物流企业而言,延伸产业链条、构建智能供应链成为大势所趋,将从以提供网络货运服务为主向提供协同高效的供应链一体化服务转变。

七、新技术赋能网络货运平台提速换挡

在科技应用方面,网络货运行业仍处于小规模应用阶段,尚有较大提升空间。随着国家对新基建的大力支持,系统完备的5G网络逐步建立,大数据、区块链、无人驾驶等技术创新不断突破,网络货运平台的效率将得到大幅提升。大数据应用与网络货运深度融合,货运物流数据价值将充分显现,为国民经济发展发挥更大的作用。

八、行业标准化与规范化水平进一步提升

当前,网络货运行业存在一些不规范甚至恶性竞争的行为。随着企业竞争日趋激烈,规范经营秩序、消除恶性竞争,越来越成为行业发展重点关注的问题,整个行业将逐步走向标准化与规范化。

思 考 题

1. 简述我国网络货运平台三大发展阶段及各阶段的特点。
2. 比较车货匹配平台、无车承运人与网络货运平台的区别。
3. 简述我国网络货运平台发展面临的问题。

第三章　网络货运平台类型

【教学目标】

- 掌握网络货运平台的基本类型。
- 了解各类型网络货运平台的特点。

网络货运企业主要由原无车承运试点企业、车货匹配企业转型而来。由于网络货运平台的转型背景、服务行业等因素的不同，可以将其分为软件背景型、工矿业背景型、快递电子商务背景型和新兴型等类型。

第一节　网络货运平台基本情况

一、网络货运平台发展现状

2016年8月，交通运输部在全国启动了无车承运人试点工作。交通运输部、国家税务总局在系统总结无车承运人试点工作的基础上，制定了《网络平台道路货物运输经营管理暂行办法》，自2020年1月1日起正式开始实施，自此网络货运平台行业发展正式启程。随着网络货运的蓬勃发展，自2020年全国共有983家网络货运平台企业(不含分公司)获得许可证。自网络货运新政实施一年多以来，已有700余家企业取得了网络货运经营资质，网络货运平台在增长迅速的同时，也获得资本市场的青睐，2020年，我国网络货运平台行业融资总额超过253.7亿元。相信在获得资本市场的融资支持后，网络货运平台未来的发展道路会更加平坦。

二、网络货运平台主要类型

随着网络货运平台的不断发展与壮大，平台的类型越来越多。本书综合多种分析维度，将网络货运平台分为软件背景型、工矿业背景型、快递电子商务背景型和新兴型四个类型，如图3.1所示。

软件背景型网络货运平台主要是指由软件公司转型而来或有软件公司支持背景的网络货运平台。这类企业由于其软件行业的背景，在平台的搭建、日常运营与维护方面都具有强大的成本管控的能力。

工矿业背景型网络货运平台主要指的是由工业矿业企业支持的网络货运平台。这类企业在发展的过程中，主要服务行业为工矿业，因为其服务的行业的专一性，该类企业能够提供最为专业化的服务，提升行业的工作效率，降低行业成本。

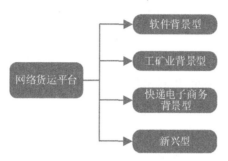

图 3.1　网络货运平台分类

快递电子商务型网络货运平台主要是指由快递电子商务企业成立或有快递电子商务支持背景的网络货运平台。这类平台是由于快递电子商务企业对于运力资源的需求而诞生的，主要服务对象是快递电子商务企业，这类网络货运平台的特点是拥有大量稳定的货源，与其他类型的网络货运平台相比，不用担心货源不足的问题，日常运营的问题主要都在运力短缺的方面。

新兴型网络货运平台主要指的是无其他行业背景的网络货运平台，大多数在无车承运人时期进入网络货运平台行业，后期由无车承运人等形式转型成为网络货运平台。该类网络货运平台的特点是作为新入场的企业，能够不受之前行业经验的影响，能以更加全面的视角观察网络货运平台的发展，为网络货运平台带来新活力。

第二节　软件背景型网络货运平台

软件背景型网络货运平台是指由以软件公司背景为前身的企业所转型并运营的网络货运平台。这类公司通过之前在软件行业的经验与积累，能自建一个较为完善的网络货运平台,并在运营的过程中给货主和车主提供较为优秀的使用体验。

一、软件背景型网络货运平台概述

进入 21 世纪以来,我国经济与科技实力快速提升,软件产业也因此得到了快速发展。2017—2020 年我国软件行业企业数量逐年增加,2020 年达到 39 409 个,较 2019 年增加了 3 081 个,软件行业在国民经济中的地位日益重要。在行业高速增长的同时,该行业的竞争也日益激烈,部分软件企业看到了网络货运平台发展的机会,期望通过其软件行业的积累,来取得竞争优势。

二、软件背景型网络货运平台特点

(一)软件技术功能强

软件背景型网络货运平台企业由于其前身具有丰富的软件开发经验、强大的软件技术,能够很好地利用企业固有的软件技术,发挥其技术优势,开发出技术功能强的网络货运平台服务软件。该类网络货运平台在竞争中能够通过强大的软件技术,提升网络货运平台服务的稳定性与易用性,以此在竞争中取得技术层面的优势。

(二)客户服务能力强

因为软件背景型网络货运平台是自主搭建的网络货运平台,所以其在对于网络货运平台的熟悉程度方面比其他平台更有优势。因为其对平台熟悉程度更高,与之相应的就是更加优秀的运营能力,所以该类企业在运营中拥有更强的客户服务能力,对于客户使用网络货运平台中所遇到的问题,能够更快地寻找到问题的源头,更快地解决问题,给客户带来更好的使用体验。

(三)运营成本低

因为软件背景型网络货运平台由企业自己搭建,所以在日常运营中,无论是在运营成本方面,还是在维护成本方面,都比外包给其他软件公司所搭建系统的成本低得多。与此同时,与外包公司所搭建的网络货运平台相比,自建平台在更新功能、版本迭代上也能节约大量成本。该类软件企业通过其在运营成本上的优势,取得先机。

【案例3-1】福佑卡车

福佑卡车成立于2015年,是一家以技术为驱动的整车运输货运平台企业。其主要通过构建以数据、算法和服务为核心的运营底盘,为司机、货主等提供询价下单、在途运输、签收结算等全流程履约服务。福佑卡车的货运平台模式主要是提供FaaS(Freight-as-a-Service)服务,即整个货运交易链条都在福佑的平台上实现标准化和数字化的运行,依靠智能定价、智能调度和智能服务等技术手段以预先定价将货运订单分配给平台上最合适的承运方,并实现实时跟踪,最终实现透明、高效、有保障、数字闭环的公路货运服务。

目前福佑卡车已经对整个货运环节实现全面数字化,基于"福佑大脑"提供货运一体化服务,借助智能定价、智能调度、智能服务等产品实现整个货运交易过程中包括价格、订单下达、路线规划、调度、运输和费用结算等的数字化,最终实现高效、可靠、透明的货运业务,并赋予司机尊严。而因为这种数字化、智能化能力,随着业务累积规模越来越大,大数据能力随之提高,以此反向促进优化定价系统、调度和服务能力。

福佑卡车所构建的产品体系能够满足即时与计划需求,是涵盖货主、司机、采招、供应商全流程链的网络货运平台。福佑卡车在全国范围内提供货运服务,在以货主和车主为服务对象的基础上推出了"经纪人模式"来实现对接货源与车源。福佑卡车对货主入驻平台没有要求,对车主入驻平台也没有直接的管控要求,而是通过经纪人来进行审核和确认。

福佑卡车对经纪人入驻平台提出了较为严格的要求,除了需要提供详细的个人信息，还需要提供必要的公司信息。福佑卡车的车辆来源是第三方，没有自营车辆。它不仅提供整车运输，而且还提供拼车运输，比较灵活。同时福佑卡车还提供数量较多的需求车长和需求车型可供自主选择。福佑卡车提供非常全面的运输保障措施，在货主对车主的评分评价、车辆的行驶轨迹和实时最新位置以及货物运输保险等方面都有涵盖。福佑卡车的业务流程参见图3.2。

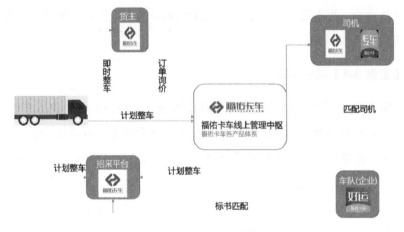

图3.2 福佑卡车的业务流程

第三节 工矿业背景型网络货运平台

工矿业中大宗商品物流量大，运输需求旺盛。工矿业背景型网络货运平台是由工业和矿业背景的企业所运营的网络货运平台，这类平台主要为特定行业的企业提供专业化的服务，例如大宗商品的运输等。

一、工矿业背景型网络货运平台概述

我国工矿业规模巨大，以煤炭物流规模来看，2020年我国原煤累计产量达到38.4亿吨，煤炭运输量不断增长。从目前煤炭产业市场来看，无论是生

产还是消费，都呈现逐年递增的态势。随着煤炭行业持续增长，煤炭物流的市场规模也随之越来越大，这给工矿业背景型网络货运平台带来了很大的机遇。

多数工矿类企业投资成立的平台都参与了无车承运人试点，代表企业如煤炭行业的货达物流、世德现代；钢材行业的德邻陆港、运友物流；港口企业青岛港物流等；大宗行业的世界五百强天津物产集团有限公司等。它们都对于这种能够降低运输成本的形式有着很高的期望。

这类工矿业背景型的网络货运平台在运营过程中，有很大比例的业务都与大宗商品的运输有关。但是大宗物流目前主要存在着整体技术与管理水平不高、信息化程度不足等缺点。为了解决这些传统运输中的弊端，降低大宗商品的运输成本，提高运输服务的信息化程度，工矿业企业纷纷建立了网络货运平台。

工矿业背景型网络货运平台的运营拥有许多优势，首先，因为其服务行业物流总量大的特点，平台的货源十分充足，且单次运输量巨大，单次利润高。其次，能够提升传统工矿业物流运输中的技术与管理水平。在传统的工矿业物流运输中，许多运力都是以个体的形式存在，会给管理与组织方面带来很多困难，通过网络货运平台的使用，能够有效地管理这些零散的运力，提高运输组织效率。

二、工矿业背景型网络货运平台特点

(一)智慧化程度要求高

大宗商品物流行业长期存在着物流成本高、行业信息化水平低、行业监管缺失、增值服务不全面等问题，制约着大宗商品物流行业朝着集约化、规模化的方向发展。针对行业在发展过程中遇到的这些问题，工矿业背景型网络货运平台需要不断探索，通过信息化技术变革大宗商品物流行业的发展模式，推动大宗商品物流行业朝着智慧物流方向发展。

针对现阶段大宗商品物流存在的问题，搭建网络货运平台，一是能够在管理上整合运力，实现对个体司机的监管；二是能够实现数据化，打通货主、贸运商、司机的信息壁垒；三是能增加行业监管水平，促使行业更加健康发展。

(二) 运输组织流程相对复杂

　　工矿业背景型网络货运平台的主要货主类型是工业企业与矿业企业。该类企业的货物运输以大宗商品为主，主要为工业原材料和矿产品，运输上下游节点均为不同作业环境的生产场站，运输组织流程相对复杂。所以这类网络货运平台需要通过厂区数字化、过磅数字化、数据可视化等手段，提高运输标准化与流程数字化的程度，大幅提高大宗商品货运各环节的效率。

(三) 运力组成中重载运力占比高

　　在整车货运的市场中，大宗商品运输的费用规模达 2.2 万亿元，占比近60%，是整车货运中最为重要的组成部分。虽然规模十分庞大，但是因为其运输商品的特殊性，单次货运任务运量大，对于运力的选择会倾向于重载货车，所以重载运力比较高。

【案例 3-2】中原大易科技有限公司

一、企业基本情况

　　中原大易科技有限公司是国家首批无车承运试点企业、无船承运企业、5A级网络货运平台企业，主要从事铸造、水泥、煤电、铝业、矿产品等大宗原材料及产成品专业整车运输管理运营、软件开发、销售、互联网信息服务、货运场站服务、货运代理、物流服务、仓储服务、货运车辆租赁等服务。

　　中原大易科技有限公司组建了专业的信息技术研发团队，在河南省郑州市、汝州市设立双研发中心，自主研发，建设并运营大易物流平台，建成了集物流服务、物流过程管理和协作流程对接为一体的"互联网+物流"平台。

　　中原大易科技有限公司依托传统货主企业区域、资源优势，巩固优化供应链上下游的协作关系，以货源运输需求为切入点，利用信息技术支撑，以货带车推动运输货源车源整合，创新经营发展模式，先整合后发展，线上线下运营相结合，为整个供应链经营体系的上下游客户提供"物流+互联网"的高效透明、多元化、综合性的服务,提升客户黏性,为客户降本增效提供更大的帮助,以服务为宗旨,创新发展大易独有的运营模式,优化运输结构,拓展线上线下交易、金融、保险、理财、融资租赁、轮胎批发等相关服务,积极发展多式联运、甩挂等运输组织方式,以实体企业为主线,构建立体化的供应链物流生态圈。

二、平台运营情况

1. 社会运力资源整合

大易物流平台采用轻资产业务模式,推动无车承运网络货运平台标杆建设。通过 IT 系统整合运力和货主资源,从而达到对货主运输管控的提升,行业、区域运力的增值应用。截至2020年年底,平台累计总运量达1.02亿吨,平台注册车辆25.7万余辆,活跃车辆17.2万辆,平台活跃司机20.8万人,线上运单379万单,累计交易额近百亿元。平台资源不仅具备高度的业务活跃度,同时经过长期的业务合作具有更高的诚信度和运输能力。平台标准化的货运管理服务,不仅帮助货主制订不同的发货计划,同时能够充分利用回程车资源,降低空载率,帮助承运司机获得线路预报。平台依托整合的运力资源,为客户提供运力撮合与交易服务。

货主通过平台发布货源计划,利用货源资源吸引,将散乱的车辆信息汇集于平台,形成平台运力池货运信息直达车主,大大提高了货与车的高效匹配,同时利用第三方支付通道,实现货主签收自动联动司机收款,将实际物流交易业务产生的信息流、商流、资金流、车流归集于平台,真正做到车与货相结合、业务与资金相结合、信息与人相结合。

2. 提升服务上游货主的能力,利用大数据分析技术,对运营全过程进行监控

大易物流平台利用北斗、手机 GPS 定位技术连接上下游,实现业务的全程可视化、可控化跟踪,通过连接发货企业单位、实际承运人,打通消息流,对车辆、司机进行全程监控,发货单位可通过大易物流平台为各单位分配的账号,下载手机端 App 进行派单发货、对运输运单进行在途监控等。平台同时根据所在位置进行货、车的高效匹配,通过自动预警功能,向承运司机发送轨迹定位异常提醒。货主可通过手机随时查看货物运输状态,无须时时通过电话跟

踪货物运输情况。大易物流后台智能分析系统，针对各环节所需要的内容提供服务，用户可根据业务全流程运单的节点状态、车辆位置、付款进度、开票进度等情况，针对异常运单情况，在系统后台根据运单进行在途车辆实时监控及历史轨迹回放，对脱离监控的司机进行预警并予以纠正。

3. 依托线上商城对保险、油料、保理、交易等金融服务体系进行支撑

中原大易科技有限公司将依托物流平台优势，结合物流互联网产品及其他金融服务，建立基于互联网运营的保险经纪业务平台、运费垫付平台、油料运营平台、商城交易平台。通过此平台，实现为物流及其内外部客户提供保险方案、询价报价、投保、协商售后保全与理赔的保险经济业务模式，同时结合既有物流企业、货车司机资源开展保险代理销售业务，公司将与各大保险公司密切合作以快速切入保险市场，构建物流保险生态圈，后期将融入更多异业合作模式，丰富产品范围，拓宽合作渠道，增进在新领域的竞争能力。

为切实服务货主和实际承运人，中原大易科技有限公司已与中石油、中石化、中海油、安联程通、中物联、山东高速、中交兴路、中国联通、阿里云、中国人保、百望、宝付等单位在支付、油料、路桥费、通信等方面达成战略合作，最大限度地为客户提供增值服务，降低税负成本。

第四节　快递电子商务背景型网络货运平台

一、快递电子商务背景型网络货运平台概述

近年来，我国电子商务和快递业发展较为迅速。截至 2020 年 12 月，我国网络购物用户规模达 7.82 亿多，网络购物用户在网民整体中的占比已经达到了 79.1%。2020 年，全国电子商务交易额达 37.21 万亿元，同比增长 4.5%。2020 年快递服务企业业务量完成 833.6 亿件，同比增长 31.2%，快递业务收入完成 8 795.4 亿元，同比增长 17.3%。

可以看出，无论是网络购物用户规模、电子商务交易额还是快递量，都在高速发展，其中快递量的增长甚至达到了 31.2%。因此在出现网络货运平台之后，各快递电子商务企业为了降低物流成本，提高物流效率，都纷纷成立了网络货运平台。对于电子商务平台而言，物流服务的价值不仅关系到物流成本的高低，而且关系到是否会导致平台用户的流失。在这种竞争的压力下，各快递电子商务企业对于物流服务的要求越来越高，许多物流企业与电子商务企业之间都成为了战略合作伙伴关系，以求在物流运输与体验上进行更紧密的合作，来进一步提升企业之间的合作效率，带来更多的利润，占据更多的市场份额。

为了解决在运营过程中因为快递量增长速度太快所出现的运力短缺问题，许多电子商务和快递企业开始建立网络货运平台，迅速投入大量的资源，希望通过网络货运平台整合社会运力，弥补运力缺口，降低运输成本。

二、快递电子商务背景型网络货运平台特点

(一)货源充足

快递电子商务背景型网络货运平台的母公司为电子商务快递企业，由于近年来行业的快速发展，拥有十分充足的货源。这是该类网络货运平台的一大优势，有利于平台的健康快速发展。

(二)资源整合能力强

快递电子商务背景型网络货运平台由于拥有大量稳定的货源，对于运力资源的吸引能力变得非常强大，因此拥有较强的资源整合能力，能够吸引大量的车源进入平台，充实平台的运力资源池。

(三)货源以小型包裹为主

因为快递电子商务行业的特殊性，其平台所提供的货源中小型包裹占了绝大多数的比例。这种类型的网络货运平台由于其货源的特点，对于重载运力的

需求较低。但随着电子商务企业销售的商品种类越来越广，特别是随着快递企业开始涉足大件物流、普货物流等领域，未来这类平台的货源种类会越来越丰富。

【案例 3-3】京驿货车

京驿货车网络货运平台(简称京驿货车)是京东物流旗下的一款货运交易类 App，主要服务于京东物流的快递和快运业务。作为道路货运的主体，卡车司机是物流运输体系顺利运转的重要基础。2019 年，借助网络货运相关政策出台的契机，京东物流启动京驿货车项目，围绕运输生态核心的"人、车、货"三要素之间的信息不对称、资源浪费等现状，深度挖掘京东物流体系内多样的运输需求场景，创新运力组织、交易与运作方式，利用物联网、大数据、云计算等先进技术，打破内部运力资源壁垒，实现运力交易平台化、资源管理数字化与运输运营智能化。目前京驿货车注册司机已超过 3 万名。与普货物流企业类似，电子商务平台希望通过平台化手段整合现有运力供应商及其他社会零散运力资源，实现自身运力池的优化。除此之外，京驿货车还将涉足车后产业，围绕卡车司机生活和生产环境打造产品服务。

京驿平台通过整合庞大而分散的货源与车辆等资源，建立了一套成熟的运营体系，从而实现最大化降低成本与提高效率的目标。京驿货车平台通过四个方面来构建整体：一是对货主进行入驻管理，二是对聚集的运力资源进行合同管理，三是为平台客户提供大数据分析，四是对自营客户以及外部市场客户进行业务管理。

第五节 新兴网络货运平台

一、新兴网络货运平台概述

新兴网络货运平台企业大多数是从无车承运人的形态转化而来，该类企业经营网络货运平台的目标明确、导向清晰，可以不受之前企业行业发展经验的影响，对于网络货运平台发展的整体方向能有更加全面的把握。

二、新兴网络货运平台特点

(一)数字化程度高

由于新兴网络货运平台没有从其他行业转型的背景,所以不会受到既有经验的影响,能够在大数据、云计算、人工智能等技术的驱动下,依托交易数据优化资源配置,提高数字化程度,有效实现企业降本增效。

(二)创新程度强

新兴网络货运平台作为后入场的平台,没有之前业务的束缚,能够拥有更多的创新角度,最有可能成为该行业破坏性创新产品的发明者。前面所提到的各类网络货运平台都有明确的服务场景、主要的服务行业,在提升专业化的同时,也增加了平台未来持续发展的限制。而新兴网络货运平台可能会探索出一套普适性强、流程简单的运输组织方式,通过其不断进行的创新,发展成为可以同时服务许多行业的网络货运平台,最终成为未来网络货运平台的标杆平台与行业发展的领导者。

(三)市场反应灵敏

新兴网络货运平台由于行业敏感度较高,因此在运营过程中,决策速度快。新兴网络货运平台一般面向通用货运市场,有利于适应需求广泛、千变万化的运输需求。

思 考 题

1. 网络货运平台如何分类?
2. 快递电子商务背景型网络货运平台未来发展前景怎么样?

第四章 网络货运平台的功能模块

【教学目标】

- 了解网络货运平台的基础功能。
- 掌握网络货运平台的衍生功能。

本章首先介绍网络货运平台的基本功能，包括信息发布、线上交易、全程监控、金融支付、咨询投诉、在线评价、查询统计和数据调取等；其次介绍网络货运平台的一些衍生功能，包括运力招采、维修保养、保险、油品等。

第一节 基 础 功 能

根据《网络平台道路货物运输经营服务指南》等相关文件，网络货运平台需要具备一些基本的功能，分别是信息发布、线上交易、全程监控、金融支付、咨询投诉、在线评价、查询统计和数据调取等。下面对这些基本的功能分别做简要介绍。

一、信息发布

网络货运经营者依托网络货运平台为托运人、实际承运人提供真实、有效的货源及运力信息，并对货源及车源信息进行管理，包括但不限于信息发布、筛选、修改、推送、撤回等功能。

(一)信息发布准备

信息发布包括两个方面：托运人发布货源信息和实际承运人发布车源信息。

(1) 托运人又称为"货主"，是委托承运人运送货物(行李或包裹)并支付运费的社会组织或个人。首先，托运人需要在网络货运平台上注册，选择货主身份。当托运人身份为法人时，注册信息包括托运单位及法定代表人名称、统一社会信用代码、联系人、联系方式、通信地址等基本信息。当托运人身份为自然人时，注册信息包括托运人姓名、有效证件号码、联系方式等。当托运人完成注册后，网络货运经营者应在平台上登记并核对托运人信息，留存营业执照扫描件或有效证件扫描件。其次，托运人登录网络货运平台，进入发布页面按要求准确填写货源信息。货源信息包括货物名称、货物类型、货物重量、货物体积、托运人及其联系方式、运价、结算方式、发货日期、有效日期、始发地、目的地、装货时间以及备注信息等。最后，托运人点击发布货源，等待实际承运人接单。

(2) 实际承运人是指接受网络货运经营者委托，使用符合条件的载货汽车和驾驶员，实际从事道路货物运输的经营者。首先，实际承运人需要在网络货运平台上注册，选择车主身份。注册信息包括实际承运人名称、道路运输经营许可证号、统一社会信用代码(或身份证号码)等基本信息；驾驶员姓名、身份证号码、联系方式、道路运输从业资格证号、机动车驾驶证号；车辆牌照号、车牌颜色、车辆道路运输证号、车辆行驶证档案编号、车辆总质量、核定载质量、外廓尺寸(4.5吨及以下普通道路货物运输车辆从事普通道路货物运输经营的，无须登记道路运输经营许可证号、道路运输证号和驾驶员从业资格证号)。此时网络货运经营者应对实际承运人资质信息进行审核，通过审核后方能委托其承担运输业务。其次，实际承运人登录网络货运平台，进入发布页面按要求准确填写车源信息。车源信息包括车牌号码、车辆类型、车辆长度、最大载重、最大装载体积、运营证、行驶证、年检时间、保险单号、付费方式、始发地、目的地、可承接货物、驾驶员及其联系方式以及备注信息等。最后，实际承运人点击发布车源，等待托运人接单。

(二)信息筛选

在网络货运平台上，托运人可以设定条件筛选出适合自己的车源信息，从而降低成本。同时实际承运人也可以设定条件筛选出适合自己的货源信息，获得满意的订单，从而提高收益。

(三)信息修改

托运人、实际承运人等都可以登录网络货运平台对自己想要修改的信息进行修改，例如联系方式、货物信息、运输方式、起讫地、运输价格、运费结算方式以及时效要求等。

(四)信息推送

通过一定的技术标准或协议,网络货运平台可以根据托运人、实际承运人等用户的兴趣来搜索、过滤信息,并将相关信息定期推送给托运人、实际承运人等用户,帮助用户减少网络搜索时间,为其高效率地发掘有价值的信息。

(五)信息撤回

当货运订单状态为"未受理"时,托运人可以填写撤销原因并将其撤销。同样,实际承运人也可以填写撤销原因,撤销其车源信息。

二、线上交易

网络货运经营者应通过网络平台在线组织运力,进行货源、运力资源的有效整合,实现信息精准匹配,生成电子运单,完成线上交易。网络货运经营者完成线上交易涉及三个方面:在线组织运力、信息精准匹配和生成电子运单。

(一)在线组织运力

网络货运平台通过综合运用大数据、云计算、移动互联、卫星定位、物联网等技术为用户提供智慧物流服务,从而吸引更多货运企业加入,平台货源质量得到提高,优质运力得到补充,打破原有物流行业的"熟人经济"与"物流区域化"限制,实现平台运力资源的集约化、规模化。

网络货运平台在组织车源、货源时,需要注意交易订单风险控制。订单交易信息包括订单日志、网上交易日志、款项结算、含有时间和地理位置信息的实时行驶轨迹数据等。平台应建立运力信用体系,运用大数据积极推进跨领域、跨平台、跨部门的数据共享开放,营造诚信运力整体环境,让可以提供更加优质服务的司机群体获得更多的市场竞争优势。

(二)信息精准匹配

网络货运平台通过海量数据挖掘处理,能够有效组织运力资源,实现信息精准匹配,提高交易效率,缩短司机配货时间,大幅降低物流成本。

运力分散是推进网络货运发展的关键难题,信息分散造成众多闲置运力和资源浪费。网络货运平台可通过两种方式加强资源优化配置,实现信息精准匹配。一是加强与运输企业的联合,整合企业的干线网络、网点资源、运力信息等,形成网络货运平台全国干线网络,同时高效整合其货源和优质运力资源,优化运输路线,共建车队,实现资源共享。二是加强对车源、司机的标准化管理,提升运力资源质量,从而规模化、标准化及精确化地满足货主需求。

(三)生成电子运单

网络货运平台可以通过引入电子签章,在运输合同生成后,可以满足托运人、司机线上签署需求。电子运单自动生成、派发,需要收货人在线签字回执。网络货运线上交易、服务效率全面得到了提升。平台也应建立电子运单数字档案,随时上报省级网络货运平台,推动接单、派单、运输、交货、回执、监管全面数字化,缓解纸质运输文件的签署压力,消除运输文件的用纸、签署成本,全面释放人力,推动平台合规、高效、安全服务。

当前,全国多地已经实施"一车一单"制,网络货运平台必须启用电子运单,这里的电子运单根据"运输合同"生成,需要托运人、司机及收货人三方线上签字确认。线上签署运单可消除接单、派单、运输、交货、回执过程中的纸质文件。

1. 平台与托运人以及司机在线签约货运合同

首先,托运人在网络货运平台上发起运输请求,平台会自动套用模板生成运输合同。其次,托运人需要在线认证身份,快速签署合同,货车司机则通过网络线上接收签约消息,登记好车队、牌号、证件信息以及人脸识别认证身份后,就可以在线签约合同。

2. 平台自动生成电子货运单，托运人、司机、收货人在线依次签署

平台与托运人、实际承运人签订货运合同后，平台运单系统会在线生成电子货运单，托运人、司机、收货人通过网络线上查收电子货运单签署消息，各环节自动流转盖章，服务效率得到很大提升。

三、全程监控

网络货运平台应利用自身或第三方平台对参与道路运输的营运车辆实行动态监控，进一步创新动态监控模式，提升动态监控水平，更好地保障道路运输安全。网络货运平台应具备的监控功能有以下几个方面：对运输地点、轨迹、状态进行动态监控；对装货、卸货、结算等进行有效管控；物流信息全流程跟踪、记录、存储、分析能力；应记录含有时间和地理位置信息的实时行驶轨迹数据；宜实时展示实际承运驾驶员、车辆运输轨迹，并实现实际承运人相关资格证件到期预警提示、违规行为报警等功能。

其中，运输过程监控的流程如下：网络货运经营者应在生成运单号码后，实时采集实际承运车辆运输轨迹的动态信息，并在货物起运和确认送达时，经驾驶员授权同意后，实时采集和上传驾驶员地理位置信息，实现交易、运输、结算等各环节的全过程透明化动态管理。网络货运经营者使用 12 吨及以上的重型普通载货汽车和半挂牵引车承担运输任务时，应督促实际承运人打开车载卫星定位装置。网络货运经营者不得虚构运输交易，应确保线上提供服务的车辆和驾驶员与线下实际提供服务的车辆和驾驶员一致。

网络货运平台需要从更多维的视角，深层次地洞察物流业务场景，对每一个项目环节进行精准判断，从而运用管理手段，实现全程监控。对于网络货运平台来说，"全程跟踪记录"最需要注意的是时间和地点，要有实时的对应轨迹数据。因此，网络货运平台必须拥有非常健全的运输轨迹数字化体系，网络货运平台经营者在应对真实的物流场景时，可以与 GPS 厂家等第三方企业展开深层次的合作研发，借助 GPS 技术的线路规划和监测能力实现网络货运平台的数字化、智能化运营。

四、金融支付

网络货运平台应具备核销对账、交易明细查询、生成资金流水单和在线支付等功能。

(一)核销对账

网络货运平台的核销对账功能就是对每一笔运单的发票进行核对账目和销账。为保证运单发票记录正确可靠,平台会对运单发票中的有关数据进行检查和核对。平台通过对账工作,检查运单发票记录内容是否完整,有无错记或漏记,总分类账与明细分类账数字是否相等,以做到账证相符、账账相符、账实相符。

(二)交易明细查询

网络货运平台为托运人、实际承运人等客户提供对交易明细及历史明细进行查询、下载、打印以及发送邮件等操作。本功能中所指的明细包括通过平台网上银行和其他途径(银行柜台等)完成的各类交易的明细。

(三)生成资金流水单

托运人、实际承运人等客户完成各种业务交易后,网络货运平台在一段时间内会生成资金流水单。按照《网络平台道路货物运输经营服务指南》要求,在收货人确认收货并结算以后,网络货运平台需要实时将运单数据、资金流水单信息上传至省级网络货运信息监测系统。

(四)在线支付

网络货运平台具有无形性的特点,因此平台使用者最为关心交易过程中的支付环节。相比过去的线下交易,网络货运平台的线上支付功能可以提供一定程度的安全保障。平台支持多种支付方式：现金支付、刷卡支付、第三方支付软件支付等；结算周期支持日结、周结、月结、季结等。网络货运经营者应按照合同约定，及时向实际承运人支付运费。

五、咨询投诉

网络平台应具备咨询服务、举报投诉、结果反馈等功能。

(一)咨询服务

从狭义上来讲，咨询服务是一种顾问及相应的客户服务活动。网络货运平台应具备咨询服务功能，为托运人、实际承运人等客户提供咨询服务。当托运人、实际承运人等客户向平台提出问题或遇到疑难点时，平台应给出相应的建议或解决方案。

(二)举报投诉

网络货运经营者应建立便捷有效的投诉举报机制，公开投诉举报方式等信息，包括服务电话、投诉方式、处理流程等。鼓励网络货运经营者建立投诉举报在线解决机制。网络货运经营者应在接到投诉举报后给予有效响应，及时处理并将结果告知投诉方。网络货运经营者应加强对举报、投诉处理相关信息的汇总分析，在网络平台公示投诉信息及用户满意率；及时查找管理不足和漏洞，制定改进措施，不断提高服务质量。

(三)结果反馈

在货运过程中可能会遇到各种突发性的问题，比如道路封锁、交通事故、车辆损坏、货物损坏，所有异常状况网络货运平台都会及时记录，并反馈给货主，诸如偏离路线、订单超时等异常状况，网络货运平台也会通过短信及时提醒司机，通知其采取补救措施。

六、在线评价

网络货运平台应具备对托运、实际承运人进行信用打分及评级的功能。物流业务的数字化、标准化、规范化是网络货运平台最基本的特征,其中打造信用评价体系是网络货运作为新业态的核心竞争力之一。该评价体系数据来源于两部分:一是平台对货主及司机的相关评价,二是货主与司机之间的相互评价。平台会根据评价后期做出相应匹配安排。下面对相关在线评价进行简要介绍。

(一)平台对货主、司机的信用评价

货车司机作为一个庞大的社会群体,人员流动性大、互联网信息接触不够,有效征信数据也不充分。通过网络货运这个核心场景,可以有效地补齐这个群体的相关征信数据。对于信用体系的要求,不只是针对司机,货主同样需要建立一套完整的信用安全大数据。网络货运经营者应建立对实际承运人以及托运人公平公正的信用评价体系,对实际承运人围绕运输效率、货物安全、服务态度、工作规范等方面进行综合考核评价,对托运人围绕付款及时率、信息真实性等方面进行综合考核评价,评价结果在网络货运平台上公示。根据信用评价结果建立退出机制,一旦实际承运人或托运人信用出现问题,将不能进行接单或派单操作。

(二)货主与司机之间的相互评价

在传统物流行业中,货主托运的货物往往需要经历多个环节才能交付给司机,使诚信运输难以进行统一的管理,从而导致司机与货主之间长期缺乏信任。网络货运平台可以根据行业特点,建立对业务品质的标准评价功能并提供标准的评价维度指标,通过司机与货主的互评机制,积累司机与货主的诚信信息。网络货运平台通过信用体系的推广,用诚信管理加以约束,在促使司机和货主的诚信度日渐提升的同时,也有效地净化了平台内的服务环境。

七、查询统计

网络货运平台应具备信息查询功能，包括运单、资金流水、运输轨迹、信用记录、投诉处理等信息分类分户查询以及数据统计分析的功能。托运人、实际承运人等客户可以在网络货运平台上查询信息，涉及信息发布、线上交易、全程监控、金融支付、咨询投诉、在线评价等，对基础功能的信息都可以进行分类分户查询，而且还可以对查询到的信息进行数据统计分析。

八、数据调取

网络货运平台应具备交通运输、税务等相关部门依法调取数据的条件。根据《网络平台道路货物运输经营管理暂行办法》，市场上的货运平台应把发展重点从简单的"信息撮合"转向"互联网+运营"，必须使监管下的网络货运平台介入到托运人与承运人的具体交易中，和托运人、委托承运人签订电子合同，实现长期存储，保证交易信息可追溯和调阅。

根据《省级网络货运信息监测系统建设指南》，省级交通运输主管部门应实现与网络货运经营者信息平台、交互系统的对接和数据传输，对接省级道路运政管理信息系统、全国道路货运车辆公共监管与服务平台，并建立与税务、保险等部门的信息共享机制，共同规范网络货运市场，提升网络货运管理水平。

网络货运平台应实时上传运单、资金流水单、车辆及驾驶员基本信息、驾驶员位置信息至省级网络货运信息监测系统。交通运输部门可以依法调取车辆、驾驶员基本信息以及车辆异常信息等。税务部门可以依法调取运单、资金流水单等业务信息以及运单与资金流水单匹配异常信息等。

第二节 其他功能

网络货运平台除了具备以上基础功能外,还衍生出一些其他功能。

一、运力招采服务

网络货运平台上汇聚了庞大的货车资源,通过大数据可以呈现出各种车队的真实运营情况,从而为货主推荐优质的车队。平台通过运力招采服务能让货主们最便捷地找到最适合自己的优质车队,让优质车队也可以接到更多的稳定货源,从而提升整体物流行业的发展。

网络货运平台的运力招采服务,可以使客户在评标时从平台系统中直接导出数据,进而实现招标工作常态化,节约采购成本。线上运力招采服务不仅对货主有利,也有利于供应商车队。车队只要在平台上注册认证成功,其公司资质等基本信息就会常态化储存在系统内,车队再投标就不用单独准备相关信息。通过平台的数据优势,每个车队以往的准点率、利用率、客户满意度等信息都能做到可视化,形成独有的车队画像,为车队积累信用、提升评级,相比于传统招投标的静态信息,车队信息一目了然,寻找优质车队变得更加容易。

二、维修保养服务

为了加强车辆的维修保养管理,实现车辆管理的规范化和制度化,网络货运平台本着安全、高效、节约、及时的原则,确保车辆正常行驶和使用安全,做到有计划地安排车辆在合作的维修站点就近维修,减少维修费用,降低成本,提高效益。

网络货运平台为司机提供车辆定期检查、正常保养等服务。车辆每行驶指定公里数，平台会安排司机将车辆开到就近维修站点进行定期保养；维修保养服务包括检查调整制动片间隙，更换机油滤芯、燃油滤芯、机油，紧固各部件连接螺栓，检查、保养电路系统，如果需要缩短保养里程或时间，应视车辆本身状况、工作量、使用状况及工作环境等来确定。

  平台合作的维修站点需要提供以下服务：维修站点要设立应急电话，实行24小时专人值班制度，为司机提供全天候救援服务；维修站点要建立完整的维修技术档案，实行"一车一档"，并且提供技术咨询服务，确保车辆具有良好的状况；维修站点要及时做好维修车辆的接待和交送车服务；车辆发生肇事时，维修站点可及时处理车辆善后事宜，维修费用按保险公司理赔金额结算；维修站点要建立投诉制度，认真听取司机意见并及时修正。

三、保险服务

  网络货运平台参与办理保险服务，在化解平台经营潜在风险的同时，还可以保障托运人和实际承运人的合法权益。参与保险业务的方式取决于与网络货运平台保险公司和保险代理公司的沟通与协商。

四、智能化服务

  网络货运平台可以为用户提供智能化服务，比如智能化货舱服务和智能化安全服务等。

(一)提供智能化货舱服务

  普通货舱应用物联网技术后形成数字货舱，网络货运平台、托运人以及实际承运人等用户可以知道车辆在运输过程中的各种状态，例如车辆实时位置、车辆实时重量等。

  网络货运平台可以使用具有数字货舱的物联网挂车，其具有诸多优点，可以实时记录舱内货物装载体积和时间,也能提高车队的平均装载率;通过远程温控帮助客户实时了解冷链货运状态,第一时间排除故障;通过震动监测技术,掌握易碎、怕颠货品的运输全过程,方便复盘与定责;通过大数据平台获取每一次挂车的行驶数据,通过智能算法进行侧翻热点区域计算,提前预警司机,有效提高车辆的安全性。

(二)提供智能化安全服务

网络货运平台可以为用户提供智能化安全服务的产品,使货车事故率大幅降低。这类安全产品优点如下:

(1) 货车在路上行驶能够提前预见风险。挂车上安装摄像头,一方面可以监测道路,针对车距过近、车道偏离等行为会提前几秒发出警告,并且自动上报事件照片、视频。另一方面也时刻关注司机,对疲劳、不良驾驶行为等进行识别,实时发送语音、报警音提醒;高清画质行车记录仪可以对风险进行人工分级服务,对潜在风险事件进行预判,司机行为、车辆油耗数据和行驶事件也会记录在案。

(2) 后台对每辆车的安全状态能做到实时掌握。后台会每日推送安全简报,定期推送安全诊断报告,让司机提前排除隐患;实时查看高风险车辆、车辆装载率以及对胎温、胎压进行管理;可以自由调取视频回放、语音对讲记录。

(3) 后台通过车辆驾驶、运营、管理、风险管控等数据,对车辆、车队分别进行风险评分,帮助车队进行长期风险预测、安全精细化管理,帮助保险公司进行风险识别及差异化定价。

五、油品服务

网络货运平台依托智能化系统、物联设备和金融支付提供油品服务。其优势如下:①用油价格更优惠。网络货运平台聚集用油需求、发挥集采优势,司机用油价格更低,加油消费有返利,用的多则返的多。②跨品牌加油更便捷。

网络货运平台与多个品牌合作，例如中石化、中石油、壳牌以及民营加油站等。③加油管理更省心。网络货运平台提供加油数据透明化管理，加油路径规划，自动显示沿途加油站位置及油价。④正规发票更安全。网络货运平台提供油品增值税专用发票，统一开票。

六、ETC 服务

电子不停车收费(electronic toll collection，ETC)：在不停车条件下，应用无线电射频识别及计算机等技术自动完成对通过车辆的识别、收费操作、车道设备控制和收费数据处理的收费方式。网络货运平台通过与相关高速企业合作，共同为车源提供 ETC 服务。

七、二手车业务

从具体的业务模式来看，网络货运平台将为车商和车主的交易两端提供信息匹配与撮合服务。在车商端，用户可以通过小程序在线上浏览网络货运平台上的车况报告，并通过竞拍形式进行出价及交易，同时网络货运平台还可以为车商提供金融解决方案。在车主端，可以通过 App、微信和电话等方式进行车辆信息上传。网络货运平台提供车辆检测服务，生成车况报告，并进行撮合服务，车主可以实现跨区域卖车。

值得注意的是，在传统的二手车交易市场，受限于车型复杂、非标以及信息不对称等因素，使用户对交易渠道的信任成本大大增加。其中，车况信息的真实性和完整性一直是备受关注的核心点。网络货运平台可以借助其多年沉淀的庞大的车辆信息数据量，通过大数据算法进行二次分析，采用行业领先的车源标准化机制，推出车辆的全面检测服务。

思 考 题

1. 开展维修保养服务对网络货运平台的作用有哪些？
2. 开展二手车服务对网络货运平台的作用有哪些？

第五章 网络货运平台核心能力建设

【教学目标】

- 了解网络货运平台四种核心能力的本质与特点。
- 熟悉网络货运平台四种核心能力的内涵。
- 掌握网络货运平台四种核心能力建设的基本思路与方法。

本章以网络货运平台的核心能力建设为重点,主要介绍四大核心能力:网络货运平台数字化能力、网络货运平台信用能力、网络货运平台供应链金融服务能力、网络货运平台定价与调度能力。

第一节 网络货运平台数字化能力

一、网络货运平台数字化概述

数字化即将许多复杂多变的信息转变为可以度量的数字和数据,再依托这些数字和数据建立适当的数字化模型,通过计算机对其进行统一处理的过程。业务的数字化是网络货运平台最基本的特征之一,也是实现物流过程自动化、智能化和无人化的基础。提升网络货运平台的数字化能力,即将网络货运平台升级成为数字化平台,把信息流、商流、物流、资金流以及票据流数字化,通过数字化让网络货运平台成为整个物流产业链的枢纽。

二、网络货运平台数字化对象

(一)托运人

网络货运平台中的托运人,可利用数字化市场的功能,增加对承运人的选择,减少中间商层级,并通过承运人竞价降低成本,使本身的流程与运输结合得更紧密。

(二)实际承运人

网络货运平台中的实际承运人,可通过数字化货运市场找到更多的托运人。在没有数字化货运市场时,托运人和实际承运人双方常局限于信息共享度低，使交易效率降低，提高了交易成本。

(三)网络货运平台

网络货运平台的主要目的是促使托运人和实际承运人双方提高运输与物流服务交易效率，降低交易成本。目前，网络货运平台在为托运人和实际承运人提供交易平台的基础上，也会提供一些差异化服务和附加价值服务，例如：契约公证企业征信，用以保障运输与物流服务交易双方利益等。

三、网络货运平台数字化的目标与功能

数字化是网络货运平台最基本的功能。数字化货运的核心思想是：低成本发现服务对象，高效便捷地完成服务内容，基于服务过程和内容向客户提供全方位的咨询、反馈和其他实时信息支持。网络货运数字化的具体目标和功能如下所示。

(一)网络货运数字化的目标

(1) 有效管理网络货运服务的各个业务环节，准确、及时地提供各环节的信息、数据，保证装卸、运输、配送等各职能之间的协调一致，提高网络货运的经济效益。

(2) 及时掌握网络货运服务的运营状况，提高企业的应变能力。

(3) 提供实时的物流信息查询，实现信息资源的共享，增强平台和托运人、承运人之间的紧密联系。

(二)网络货运数字化的功能

(1) 信息服务功能。将可提供的服务内容实时上传后对外发布，及时接收和处理外部信息，方便与客户的交易。

(2) 集中控制功能。对业务流程的各个环节集中管理，全程监控。

(3) 财务管理功能。管理物流业务中分散的资金流。

(4) 客户查询功能。为客户提供及时的信息查询服务，让客户共享企业的信息资源。

(5) 决策支持功能。提供历史化和集成化的数据，提高物流决策的科学性和可靠性。

四、网络货运平台数字化能力建设的途径

现阶段，国内数字化转型步伐加速，网络货运平台作为物流行业数字化转型的代表，在数据存储、分析、使用等方面均走在行业的前列。网络货运平台在大数据、云计算、人工智能等技术的驱动下，依托交易数据优化资源配置，进行智能定价、就近派车、路线优化，产生了良好的经济效益，对实现企业降本增效起到了积极作用。

网络货运模式有效地将大数据与货运进行结合，释放出数字化生产力，通过加强"人、车、货"互联、货运大数据智能处理、规模化和集约化运输管理、可视化运输管理、运力统筹管理、区块链交易存证等方面的建设，构建网络货运平台的数字化支撑体系。

(一)货运大数据智能处理与存储

网络货运平台按照《中华人民共和国电子商务法》《中华人民共和国税收征收管理法》及其实施细则等法律法规章的要求，记录实际承运人和托运人的用户注册信息、身份认证信息、服务信息、交易信息，并保存相关涉税资料。数据是客观存在的，利用数据之间的关系保证平台功能的真实性、规范性、完整性和可用性，将物流各节点的信息实现数据化嵌入到平台运营中，可以利用数据对平台的规范性划好边界。

网络货运平台在数据收集的基础上，通过云计算和5G技术，将海量的货运大数据进行智能加工处理，实现业务、财务管理的快速响应，使其具备经济效益，带来竞争优势。例如，网络货运平台以托运人、实际承运人和收货方为主链，记录交易过程中产生的有关资质认证、订单、合同、单据管理、运输调

度等方面的数据,对相关数据进行择优储存,为托运人、实际承运人和平台的信用评估以及车辆智能匹配等作业流程提供基础数据支撑。

(二)运力供需端智能智配

网络货运平台借助人工智能技术打造"物流大脑",实现运力供需端的智能智配。网络货运平台充分利用互联网平台信息互联互通的特点,对运输资源进行整合配置,将分散的运力资源聚集在一起,并发挥资源调配的作用,保障平台业务真实性。平台通过数字化运力整合促进经济规模效应,推动网络货运行业转型升级。

网络货运平台在数字化技术的支持下,通过大数据中心,以数据要素驱动数字生产力,具体表现在以下三个方面:一是建立完备的数字化货运网络。在货物运输途中,充分考虑到托运人和承运人的交付地点、货物运输要求、到达时间以及可能存在的风险等影响因素,通过大数据分析整合,为实际承运人规划最优运输路线,实现全程监控。二是专业化运输管理。网络货运平台对进入平台的个人车主或运输企业进行评估、培训和统一管理,建立规范运输服务标准,提高市场的竞争能力,从而产生规模效应。三是运输业务合理匹配。在对运力资源统筹管理后,网络货运平台通过数字化技术对业务进行合理匹配。托运人在网络货运平台发布货源信息,实际承运人上传车辆信息,网络货运平台可以有效地将大数据和运力竞价机制结合,解决运力运价问题,让货运行业的运价更加合理透明,托运人通过对实际承运人的综合指标进行统一评估,筛选出最优匹配承运人,最终实现高效的车货匹配与调度,业务匹配过程真实可见,避免了违规操作的风险。

(三)运输可视化管理

网络货运平台通过数字化技术,以一定的通信标准协议为基础,进行信息交换和通信,实现人到人、人到物、物到物之间的互联,对运输全程进行可跟踪和可视化管理,提升运输安全保障。

网络货运平台在信息采集维度方面实现了从单一到多元、从扁平到立体的更新，货物全程可视化，从单一的货物定位，发展到对货物的实时状态、温度等维度的数据采集和应用，丰富了货物管理的触角和抓手，将货物进一步连接进运输场景中，而不像过去仅仅以车辆为单位进行监测和优化。

同时，网络货运平台对通信系统进行统一管理。现阶段车载通信、卫星定位跟踪系统等技术已经相当成熟，例如用于监测司机驾驶行为的摄像头，用于监测胎压、胎温的传感器，用于实时测距的车载雷达，用于实时采集引擎排放、动力等故障数据的 OBD(on board diagnostics)等，为了车辆的运行安全和合理配载，网络货运平台对在途车辆进行含有时间和地理位置信息的实时行驶轨迹数据记录，并通过无线通信将相关数据上传至云端，反馈至平台系统内，形成海量数据。当出现风险预警或异常时，平台通过计算与分析，形成个性化解决方案第一时间进行处理，实现对运输的安全性管理。

(四)区块链化网络货运

网络货运平台可以通过区块链技术的去中心化、数据不可篡改等特点，实现多方协同治理，加强资源共享力度，解决物流金融等融资难题。

网络货运平台可以通过区块链技术解决跨平台货主及运力资源共享的难题(见图 5.1)。多个拥有货主资源的合作方可以在去中心化的网络货运区块链平台上共享货主与运力数据，彼此间将敏感信息设置成密文，通过哈希函数存证上链，资源共用且实现了对信息的隐私保护，达到"数据可用但不可见"的共享效果。

网络货运平台可以借助于区块链上数据不可篡改、全程留痕、可追溯、公开透明的特点，与物联网相融合，保证链上信息可信且难以篡改，给金融机构展现了多维立体的物流运输全貌，解决了业务真实性的问题。形成托运人基于区块链的历史对账结算记录，对当前的融资业务的还款风险起到参考作用。同时，围绕物流公司及其下属司机、车辆的历史运输记录在链上展示，形成有价值的数据资产，解决了车队及司机风险识别的难题。

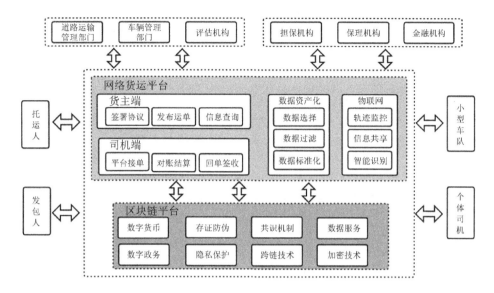

图 5.1 区块链网络货运

第二节 网络货运平台信用能力

一、网络货运平台信用能力建设的基础

近年来,平台经济的快速发展推动物流行业步入了数字经济的新时代,特别是网络货运业态的出现使物流组织链条缩短,物流业务的数字化为网络货运平台建立信用体系创造了条件,以平台交易数据为核心的多层次信用体系正逐步建立。

2019 年 9 月,交通运输部相继出台了《网络平台道路货物运输经营管理暂行办法》及三项工作指南,对建立企业信用档案、共享信用数据、创新信用服务作出了明确规定。企业对建立信用档案、创新信用服务产品的诉求逐步增强。

2020 年 4 月,中物联物流信息服务平台分会牵头制定团体标准《网络货运平台实际承运人信用评价指标》以及与中国交通通信信息中心联合牵头起草团体标准《网络货运平台运单验证要素和管理要求》。其中,《网络货运平台实际承运人信用评价指标》是贯彻落实交通运输部、国家税务总局印发的《网络平台道路货物运输经营管理暂行办法》中关于明确实际承运人准入退出机制、建立对实际承运人的信用评价体系的有效指导性标准,对降低企业内部管理风险,维持市场秩序有着积极作用。同时,为网络货运经营者未来拓展与实际承运人相关的金融、保险业务奠定坚实的数据基础。

二、网络货运平台信用能力评价指标

信用评价就是采取具有公信力且专业的手段,对受评对象的主观履约和客观履约能力及履约风险做出具有一定的前瞻性的预判,依托信用数据并辅以信用分析方法对受评对象进行量化评估,为其信用能力建设提供一定的基础。国家政策明确了"完善信用制度标准体系、加快信用信息系统建设、完善信用评价监管制度、推进信用信息应用、加强信用信息安全管理"5项主要任务。

根据信用风险问题的表现形式,信用评价分别从托运人、实际承运人和网络货运平台三个角度进行分析。对于信用指标的选取,既要考虑三者的共同之处,又要考虑三者不同的属性特征,通过具体分析三者信用的影响因素,我们建立了一级指标和二级指标,信用评价指标体系如表 5-1~表 5-3 所示。

表 5-1 托运人信用能力评价指标

评价对象	一级指标	二级指标
托运人	履约情况	提货、卸货地点准确率
		货物信息真实度
		单月无故取消订单数
		卸货、提货及时性
	交易情况	交易完成量
		交易总额
		结算及时性
		好评率、投诉率

表 5-2 实际承运人信用能力评价指标

评价对象	一级指标	二级指标
实际承运人	运力情况	线上线下运力符合度
		装卸搬运工具匹配性
实际承运人	运力情况	承运能力
		车辆事故率
	履约情况	提货、到货及时性
		货损货差率
		回单及时性
		单月定位异常数
		单月违约(压货、骗货、倒卖、恶意加价等)次数
	交易情况	交易完成量
		交易总额
		拖欠款项次数(白条、ETC、贷款)
		服务态度评价
		好评率、投诉率

表 5-3 网络货运平台信用能力评价指标

评价对象	一级指标	二级指标
网络货运平台	基本情况	信息管理水平
		技术水平(跟踪导航、安全监控水平)
		服务水平(客户沟通、误差处理、增值服务等)
		平台规模、用户数量
	交易情况	交易完成量
		交易金额
		单据上传率(运单、资金流水单)
		平台事故率
		好评率、投诉率

三、网络货运平台信用能力评价模型

上文中构建了网络货运平台信用评价指标体系，对网络货运中托运人、实际承运人和平台的信用状态评价提供了一定的参考，以此为基础，本节构建了网络货运平台信用能力评价模型，针对托运人、实际承运人和平台三方的实时状态，分析评价其信用状况。

(一)网络货运平台信用评价指标赋权

网络货运平台的信用评价指标体现了托运人、实际承运人和平台三方的期望及导向。由于信用评价指标存在多个逻辑层次，且交易次数、履约和信用保持次数对综合信用有一定的影响，因此在构建网络货运平台信用评价模型之前，需要利用层次分析法、模糊综合评判法、人工神经网络评价法、灰色综合评价法等评价方法对各信用评价指标进行赋权和变权，进而根据评价状态进行调整，最终可得到实际评价的权重。

(二)网络货运平台信用评价模型

为了反映网络货运平台上交易个体的信用表现及交易个体长期的交易信用的累计时间特征，一些学者建立了网络货运平台信用评价模型，其中包含3个子模型，即单次信用评价模型、总信用评价模型和信用稳定性评价模型。单次信用评价模型用于评价网络货运平台每次交易的信用表现，是信用数据的直接来源，具体通过建立的评价指标来实现。总信用评价模型和信用稳定性评价模型都是基于单次信用评价结果得到的，实现对涉及主体历年交易的综合信用评价，按照历史信用累计，最终得到托运人、实际承运人和平台的综合信用值或信用等级。单次信用评价模型、总信用评价模型和信用稳定性评价模型之间的逻辑关系如图 5.2 所示。

单次信用评价模型为每次交易后托运人、实际承运人和平台三方之间的信用评价，基于建立的评价指标来实现。通过建立对应的信用评价模块，由交易双方根据对方在交易过程中的守信行为进行评价，且每次交易都允许评价一次。单次信用的定量评价采用线性加权综合各指标评价结果得到。

总信用评价模型可采用求和法、平均值法、数据挖掘等多种方法。为了利用单次的信用评价结果，并降低综合信用过度依赖交易次数和时间的影响，减少对网络货运平台新用户的不利程度,采用平均值法来综合信用评分,即累计信用总分除以评价次数。

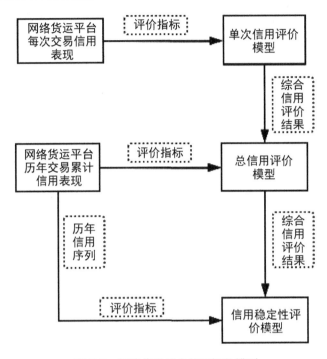

图 5.2　网络货运平台信用评价模型

信用稳定性评价模型是在总信用评价模型的基础上进行优化,使用户信用趋势清晰可见。该模型以交易次数为时间坐标,保留前期交易次数的信用,形成历史信用序列,以反映用户信用的时间特征。同时将序列形成趋势图来可视化地观察用户的信用变化特征。通过计算序列的标准方差、极差来评价信用的变化幅度,进而评价其信息可靠性,为综合应用提供更可靠的评价。

四、网络货运平台信用能力建设

对部分网络货运平台信用能力评价指标进行综合分析后,可以看到其在信用能力建设方面仍存在大量隐患。一是缺乏信用记录与信用认证,难以获取交易对象的信用情况,或无法确认信用信息的准确性,因而导致平台交易效率下降,并产生资源浪费。二是网络货运平台现阶段对失信的处罚和守信的奖励机制不够完善,失信成本低,又缺乏对守信行为的激励,使一部分使用者存在投机心理,交易纠纷时有出现。以上问题为恶性事件的发生埋下了一系列的隐患,极大可能会阻碍网络货运平台的持续健康发展,推动网络货运平台稳定增长、加快建设信用能力已经成为核心要求。

(一)资质登记与审核

对于托运人而言,网络货运平台在其注册时,需要按照流程登记基本信息:托运人为法人时,登记信息包括托运人和法定代表人的姓名、统一的社会信用代码、联系人、联系方式、通信地址等,并保留营业执照的扫描部分;托运人为自然人时,登记信息包括托运人的姓名、有效证件号码和联系方式,有效证书的扫描副本应予以保留。平台在托运人上传信息后,对相关信息进行审核,审核无误后托运人方可成功注册。若托运人资质审核未通过,则平台限制托运人在平台上发布货源信息和查找车源的权限。

对于承运人而言,实际承运人需要上传的信息包括但不限于实际承运人的基本信息、道路运输的许可证号、统一的社会信用代码、机动车驾驶许可证以及车辆基本信息。同样,平台对承运人所上传信息进行审核,核实后保留相关有效证件的扫描文档,以建立档案便于管理。若承运人资质审核未通过,则平台限制承运人在平台上结单承运货物和搜索货源的权限。

(二)信用信息管理

信用信息是信用体系的基础,直接关系到信用体系建设的完整度。网络货运平台要积极收集托运人与实际承运人的基本信息,包括但不限于运输车辆信息、从业人员信息等,分析现有信息的真实性与完整性,并进行数据筛选、转换、关联后,提取与信用评价相关的重要信息,对现有的托运人和实际承运人的信用信息进行记录、对比、完善,构建相应的信用认证和信用信息的互联共享,获得其信用情况,保证信用信息的准确、真实和完整,从而提高交易效率。

(三) 优化信用评价标准

建设网络货运平台信用能力，应以优化网络货运平台信用标准体系为支点逐步实现。目前，中物联已经针对物流行业中网络货运业态制定了服务能力评价指标、实际承运人信用评价指标等相关团体标准，但主要评价和应用对象仅限于网络货运平台本身及其产业链下游，对于整个网络货运行业而言，信用体系建设仍需继续完善。网络货运行业应扩大标准适用范围并向产业链上游延伸，逐步建立针对货主企业、第三方物流企业、网络货运平台等主体的信用评价标准或服务标准，覆盖物流产业链各相关主体，归集市场信用信息，力争消除传统物流行业的灰色地带，建立诚信、有序的市场环境。

(四) 构建信用评价体系

自 2019 年 9 月《网络平台道路货物运输经营管理暂行办法》和配套的工作指南发布实施以来，网络货运蓬勃发展，利用网络货运大数据的优势建立信用评价体系的时机已然成熟。建立良好的信用评价体系，不仅是平台企业的需求，也越来越成为金融机构从传统质押贷款向信用贷款业务扩张的需求。

根据《交通部关于加强交通运输行业信用体系建设的若干意见》中提出的信用等级评价的开展要建立行业统一信用等级的要求，网络货运平台可按照 5 级(AA、A、B、C、D，分别对应好、较好、一般、较差、差)评估托运人与实际承运人的信用等级，采取构建信用模型的方法，基于托运人、实际承运人和平台数据，定期为托运人、实际承运人和平台进行评估。随着网络货运平台交易次数的增加，托运人和实际承运人的信用评价结果也会随之变化，实时的、动态的评级结果可以促进托运人、实际承运人和平台之间信用状况的相互了解与信任，从而推动托运人和实际承运人的选择、匹配，提高网络货运平台的运作效率。

(五) 完善信用信息共享机制

为了响应《网络货运平台实际承运人信用评价指标》的实施，网络货运平台在诚信联盟范围内开展信用信息共享工作,形成网络货运领域托运人和实际承运人的红、黑名单动态数据库,对于黑名单内的托运和承运主体建立"一处失信、处处受限"的行业环境。信用信息共享机制的完善,为托运人和承运人在选择交易对象时提供全面、有效的信息,降低网络货运平台的安全信用风险。由于网络货运平台的信用评价结果是动态的,当产生信用风险时,信用共享机制及时发送警示信息,托运人、实际承运人和平台根据实际情况采取一定的措施,以降低损失。同时,问题的及时提醒与避免可增强用户对平台的信赖感,对平台的处理效率产生认同,从而有效提高平台的交易成功率。

(六)建设守信激励和失信惩戒机制

建设守信激励和失信惩戒机制对网络货运业态的健康运行具有极大的促进作用。对于一般失信行为,网络货运平台可以联合政府有关部门,进行一定的处罚;对于严重的失信行为,坚决追究失信者的法律责任。通过加大制裁力度,完善对失信的处罚和守信的奖励机制,失信成本不断增高;同时,网络货运平台对服务质量高、信用好的红名单托运和承运主体给予一定的服务优惠及表彰,扩大信息共享覆盖面,加强平台信用风险管理水平,弥补原有信用信息共享工作的不足,确保网络货运平台业务的有序开展。

第三节 网络货运平台供应链金融服务能力

一、网络货运平台供应链金融概述

供应链金融是一种把物流、商业行为和金融活动统一管理的模式,结合买卖双方、第三方物流和金融机构,通过供应链搭建的新型融资模式,实现买卖过程、物流过程、融资过程的全方位控制。其关键问题在于如何有效地将金融机构融入整个供应链的网络,通过金融机构的财力激活整个供应链内的企业;

如何以最低的风险控制成本来实现对整个供应链运行的掌控，从而实现产融的有效结合。

供应链金融服务通过将金融与供应链进行结合，可以优化供应链中的资金流动，降低融资成本，提高供应链中企业的资金可得性与供应链整体绩效，因而被认为是当前最有潜力的缓解小微企业融资难题的融资服务模式。

网络货运平台是包含多个物流主体的生态圈。货车是我国公路货运的主力军，而个体车主和小型物流公司作为主要的货车运营主体，其数量十分庞大。交通运输部数据显示，我国货车保有量在 2019 年底达到 1 087.82 万辆，货车运营过程中需要充足的流动资金，资金需求呈现"短、小、频、急"特点，但货车司机和小型物流公司长期以来难以得到银行和传统供应链金融服务的支持。主要是由于个体车主和小型物流公司经营规模小，地理位置分散，财务信息不透明，缺乏征信记录和有效的抵押品，金融机构面临较高的交易成本和违约风险。

通过网络货运平台与企业和货车司机对接，基于平台掌握的交易、物流、资金等真实数据，通过信息的分析运用，金融机构可以为平台体系内的小微企业、个人客户等提供在线融资、现金管理、跨行支付、资金结算、资金监管等综合金融服务。

二、网络货运平台参与供应链金融的优劣势

网络货运平台参与供应链金融有其巨大的优势。其中最为主要的是能够快速准确地得到供应链内的核心信息，例如链条内部的商业交易和资金流等核心信息。此外，还可以挖掘大量的交易数据，以真实数据为依据，采用大数据、云计算等手段来评估风险。根据大数据的结果做出风险评估，可以此为依据来确定企业的信用等级以及资金的发放额度。作为供应链的协调者，依据物流网络中信息的传递与资金的流动方向，以及客户对资金的需求，可为客户提供适合的资金服务。此外，网络货运平台背后的个人车主和物流企业对整个供应链往往有巨大的控货能力，能够保证物流链条的有效运行以及供应链中存货质押

的有效监控。以平台模式为切入点,个人车主和物流企业能够有效进入链条内的金融领域,开创新的增值业务,如质押物担保授信等。

当然,网络货运平台参与供应链金融,也有一些要克服的困难,比如由于物流市场不规范,尤其在征信体系方面,使网络货运平台对散、乱、小的市场主体进行规范化、效率化的整合存在困难;网络货运平台相较于商业银行处于弱势地位,相较成熟的银行体系还有一定的发展距离;网络货运平台风险控制的人才较少,风控经验累积不足;如果新兴的网络货运平台没有足够大的流量,则很难产生大量核心交易数据,进而无法支撑交易数据的分析与风险评估。

三、网络货运平台供应链金融服务运作模式

网络货运平台的运作存在托运人和承运人分散、交易频繁、账期不一等特点,平台上的中小企业由于规模和信用等问题,在办理融资的过程中无疑会增加工作量,降低效率。为了解决这个问题,推动网络货运平台供应链金融业务已成为必然趋势。

在供应链金融运作过程中,网络货运平台将交易中一笔或多笔不同托运人和承运人、期限不一、金额不同的交易订单和相关账款进行整合,使交易完成量和交易总金额汇聚成一个"池子"。凭借"池子"中的相关数据,网络货运平台可以对托运人和承运人信用进行考核,同时还可以代替供应链上的中小企业,作为核心企业与金融机构进行对接,将平台业务水平作为金融机构考核的重要评价指标。金融机构主要评估核心企业的信用风险,而不是评估供应链上中小企业的信用等级,核心企业具有较强的资信等级,所以金融机构有极大可能同意选择核心企业支付的应收账款进行融资。

网络货运平台作为核心企业,利用其较高的信用等级以较低成本获得融资,将其引入供应链中。这种业务模式对于那些交易记录良好、应收账款余额相对稳定的中小企业十分有利,能够充分挖掘零散应收账款的融资能力,免去多重手续,提高融资效率。这种模式不仅使中小企业获利,还使核心企业享受长账期,更有利于加强网络货运平台运作的稳定性。网络货运平台供应链业务

具体流程如图 5.3 所示。

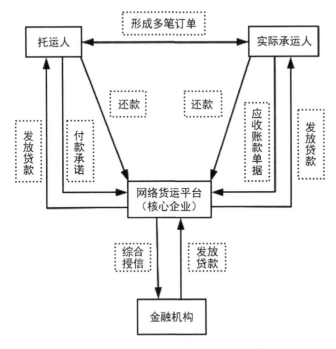

图 5.3　网络货运平台供应链业务流程

以网络货运平台作为核心企业进行融资的供应链金融模式具有五大优势，分别为：可循环融资、成本减少、方式多样、资金无效占用减少和人员成本降低。

(1) 循环融资。在供应链金融模式下，如果核心企业即网络货运平台在授信有效期内的任何时间段都留有最低余额之上的应收账款，核心企业就可以循环使用融资额度，并且融资期限与金额不会受到单笔应收账款的金额与期限的限制。这样的融资方式非常灵活，大大简化了融资流程，使放款效率得到提升。

(2) 简化手续，降低成本。由于免去了多次授信与申请业务的手续，转让账款的手续得到简化，在一定的程度上降低了融资成本和操作成本。

(3) 方式多样。网络货运平台供应链金融业务不仅有流动资金贷款，还可以根据需求开立银行承兑汇票、商票保贴、信用证以及保函等，最大限度地满足供应链上个体的融资需求。

(4) 减少资金无效占用。在授信期内，信用额度可以被循环使用，不必重复进行放款还款手续，减少了资金被无效占用的时间。

(5) 人员成本低。在网络货运平台供应链金融运作模式中，整个融资审核在线上完成，无须派专人跟踪放款流程，与以往的专人对接并收集整合资料相比，减少了人员耗费在此项业务中的时间，降低了人工成本。

第四节 网络货运平台定价与调度能力

一、网络货运平台运价影响因素

通过对现有的文献进行分析，结合相关网络货运平台的实际运行数据，可以了解到网络货运平台运价的影响因素，具体可以分为运输成本因素和市场因素。

(一)运输成本因素

1. 货物重量、体积和件数

我国公路货运市场上目前比较通行的计费方式为按货物重量计费，根据整批货物或者零担货物重量的不同，有各自的计算方法。另外也有货物是根据体积或者件数进行计价，货物重量、体积和件数会对运价产生直接影响。

2. 货物类别

不同类别的货物对车辆的要求不同，如根据货物的高度可以选择高栏车或低栏车，散沙需要用运沙车运输，有防水要求的货物可以选择厢式车等。不同类别的货物因为密度不同导致的体积差异也对运价产生影响，如泡沫的密度小，同等重量的泡沫与瓷砖，泡沫的体积较大。

3. 车辆

市场上的车型种类纷繁复杂，目前在平台上注册的有平板式、栏板式、厢式等不同类型的运输车辆，货车车长有 9.6 m、13 m、13.5 m、14.6 m 和 16 m 等。在货物运输之前，托运人或者承运人首先要根据货物的重量、性质、体积等多方面因素综合考量，选择适合运输的车辆，不同车型的耗油量不同也会对运输全程的燃油费产生影响。

4. 其他因素

区域发运、运输等级、紧急程度也会对货运定价产生一定的影响。一般来说，区域发运的成本更低，相应价格越低；运输等级即线路等级，路况不同，收费站等不同，也会影响价格。

(二)市场因素

1. 市场需求量

对国内公路货运市场的货运量、运输效率和运价指数的统计数据进行分析，可以发现货运量有明显的周期性变化，货运量和货运价格指数的变化状况类似，运价水平的高低会受到市场上供求关系的影响，因此应将市场需求量考虑在影响货运价格的因素之内。

2. 货运价格指数

运输企业的货运服务运价会受整个行业价格水平的影响，全国公路货运价格指数是对国内多个具有一定规模的样本企业、多条线路运输价格的统计分析，可以反映公路货物运输行业总体的价格水准、价格波动的方向和大小，故可借助全国公路货运价格指数来反映市场对运价的影响。

3. 其他因素

从博弈的角度考虑，临时任务的价格可能更高，越紧急的任务价格可能越高。

二、网络货运平台车货匹配模式

(一)直接指派模式

网络货运平台主要基于司机驾龄、车型车长、收听预约的常跑线路、历史相似运单记录、车辆所处状态、预计返程计划、周边货源计划等维度,与货主托运单时间、线路、货品、装卸要求等进行大数据算法匹配,通过规模化、组织化的数字物流运作方式,将货源直接精准推荐给最为切合的承运人。通过平台智能匹配,充分利用承运人的返程运力资源,提升车辆运行效率,降低客户成本。

(二)轮候调车模式

托运人在网络货运平台上对提货地附近车辆进行查看筛选,择优选择某一实际承运人,通过线下沟通等方式与实际承运人交流货源、车辆等基本信息,双方沟通成功后托运人将运单信息推送至该指定承运人,则托运人与实际承运人匹配完成。

(三)定价匹配模式

托运人在网络货运平台上传货源信息、价格要求、车辆要求等信息,网络货运平台以托运人货运条件为基准,初步筛选较为匹配的实际承运人,并将托运人要求推送至相关实际承运人。定价匹配模式满足时间优先规则,实际承运人先抢先得,最快确认该订单的实际承运人与托运人匹配成功。

(四)竞价匹配模式

在竞价业务模式下,实际承运人与托运人供需匹配流程如图 5.4 所示。

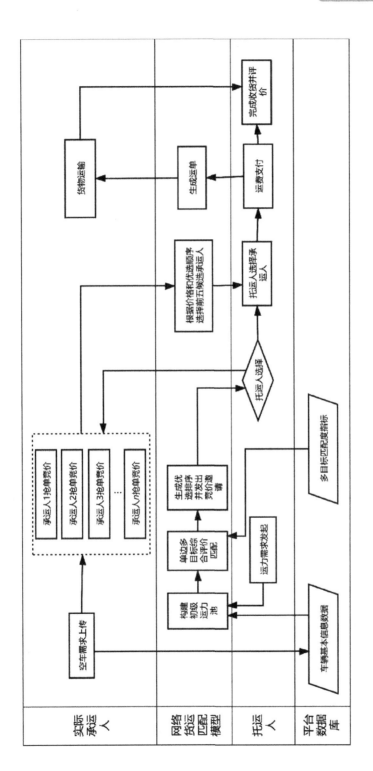

图 5.4 实际承运人与托运人供需匹配流程

网络货运平台竞价匹配流程主要分为 6 部分，具体流程如下所示。

(1) 托运人在网络货运平台上的竞价业务模块中申请进行运单的竞价匹配，同时发布相关货源信息(包含期望时间、地点、目的地)。实际承运人上报平台自身的空车需求，平台以托运人货运条件为基础，为货源匹配能够完成其承运服务的空车承运人运力，匹配的条件包括货源所在地与车辆所在地的远近程度、车辆类型及承载条件是否满足货源承运需求、实际承运人计划路线与货源计划路线是否一致等。完成基本条件的匹配后，构建初级运力池。

(2) 基于实际承运人与托运人两方的行为偏好，网络货运平台运用多目标匹配度指标完成单边多目标综合评价匹配，进而生成实际承运人的优先排序，并据此向该排序内的实际承运人用户发出竞价邀请，实际承运人用户在接收到平台发出的竞价邀请信息后，将根据自己的竞价偏好在平台的各竞价环节中进行竞价。

(3) 网络货运平台为发出竞单需求的托运人提供一定数量的、经过平台筛选匹配和抢单竞价成功的承运人，托运人从中挑选完成本次承运服务的实际承运人。筛选标准可以遵循价格最低的原则，也可以根据自身偏好选择熟悉的历史承运人，或者是信誉度高的用户。遵循价格最低原则时，若只存在一位承运人报价最低，则直接选取该用户来完成该笔竞单的承运；若存在多位承运人报价同时最低，则选取其中最先报价的用户完成竞价交易。

(4) 托运人在网络货运平台上预付运输费用并产生运单信息，实际承运人应托运人需求在平台上缴纳保证金，起到担保货物的作用，并且在计划时间内到达指定位置完成货物的装载，开始承运。平台拥有智能交通监控系统，实时监控实际承运人运输货物的全程，一旦发现实际承运人驾驶的车辆偏离导航平台，将会对实际承运人发出警报提醒，引导其返回计划路线。

(5) 货物到达目的地并且完成货物验收后，托运人在平台上点击确认收货，平台将自动把托运人预付的运费打入实际承运人账户，完成交易金额结算。若托运人在收货验货后发现货物有一定数量遗失或者一定程度的损坏，可与实际承运人进行私下协商解决。如果私下协商不能达成一致，则可提交货损货差理赔申请，平台将从实际承运人的运费中抽取一部分作为托运人的赔偿金额。若托运人在平台中为该竞单购买了保险，则将由平台为托运人此次的损失提供一定额度的赔偿。

(6) 实际承运人和托运人双方结算完交易金额后，双方将就本次服务完成互评，平台的信誉系统将记录每一单用户双方的评价信息和打分情况。承运方的具体评价指标为：货源相关属性是否与托运方描述的相符、是否存在虚假货物的情况、启运地和目的地是否准确、装卸货物的等待时间是否过长等。托运方的具体评价指标为：实际承运人的服务态度情况、实际承运人是否在计划时间内取货和送货、车辆属性是否与描述相符、在运输过程中是否发生货物损毁和遗失的情况等。

三、网络货运平台定价策略优化

网络货运平台经过一定时间的运营，后台已经存储大量的交易订单数据，包含货物的类别、品名、重量、体积、成交运费等交易信息，可供平台进行合理定价。网络货运平台的定价策略如下。

(1) 在平台直接定价的情况下，网络货运平台应该充分利用历史交易数据，运用更加科学的方法进行合理定价。针对不同类型的货运订单，网络货运平台应利用数字化分析能力，在考虑线路因素、车型因素、货种因素、运力类型的基础上，根据货运订单特性以及相应的规则制定相应的价格。同时，根据现有数据的更新，网络货运平台应结合平台自身实际运营情况进行分析，不断优化定价体系，实现多种运价体系下的订单有序管理。

(2) 在竞价抢单等情况下，网络货运平台需要根据货运订单特性给予指导价。①网络货运平台对货主和司机给出的议价运费进行监控，建立信用体系。平台计算出每单货源信息的平台指导价后，可以对货主和司机双方每轮运费出价信息均进行记录，计算相对平台指导价的差值，设立差值合理范围，当差值过大时则对出价方的不良行为进行记录，建立起平台的议价行为监控系统。同时，网络货运平台还要对平台注册司机的运输服务进行监督，保证平台的运输服务质量，建立货主和司机双方的信用评价体系。②网络货运平台可建议托运人和实际承运人以平台指导价成交,提高平台指导价的使用率。货运双方直接通过平台合理的指导价成交订单,可以节省双方的议价时间,提高信息沟通效率。对于货运司机而言,按照指导价成交可以避免货主的压价行为以及同行的恶性低价竞争,提高运输服务收入。网络货运平台在推行平台指导价前期,可以借助给予货运双方减免或者补贴平台收取的信息费、服务费等费用的方式,促进双方的平台指导价成交行为。

思 考 题

1. 分析网络货运平台数字化能力建设的主要途径。
2. 简述网络货运平台信用能力的主要评价指标。
3. 简述网络货运平台供应链金融服务包括的内容。
4. 简述网络货运平台车辆匹配的主要模式。

第六章 网络货运平台运力组织与管理

【教学目标】

- 熟悉和掌握网络货运平台运力的分类和特点。
- 了解网络货运平台运力的组织管理。

本章阐述网络货运平台运力的内涵，对网络货运平台运力进行分类。然后根据运力的不同，分别重点介绍临时运力、合同运力和自有运力的特点、评价方法与组织管理。

第一节　网络货运平台运力概述

一、网络货运平台运力的概念

(一)网络货运平台运力内涵

狭义来讲，运力是指运输过程中所需的对应资源，通常包括营运性货运车辆、营运驾驶人员、陪护人员等。网络货运平台的运力应符合以下要求：运力资源可靠，运力匹配速度快捷、智能化，基础运输设施和信息网络完善，运输线路多，输送范围广，运输业务多样化，业务处理流程化，运输过程可视化，数据透明化。

网络货运平台运力与传统运力的区别：在传统模式下，运力供给松散无序、信息不透明；而网络货运平台运力供给有序、多样，运力信息透明、丰富。这两种形式的转变将引起货运行业中的技术和设备、业务流程等多方面的变化。

(二)网络货运平台运力组织的作用

1. 交易由原来的"熟人""中介"完成转变为智能化、精准化匹配

传统模式中的市场运力组织较为零散，主要是依靠好友、固定客户的"熟人圈"等。在这种模式下，货运司机工作辛苦、投入成本高，但收入和货源却不稳定。而网络货运平台除了可以将市场上松散的运力有序整合之外，还拥有完善先进的信息技术和网络，可以对运力供给和运力需求双方的信息进行智能化、迅捷化、精准地匹配。

2. 货物运输业务流程和交易环节简明化、可视化，运营效率大幅提高

传统模式中运力调度所经历的业务流程基本是以线下为主，这个流程不仅繁杂低效，而且中间环节多，服务和交易成本也较高。但是，从网络货运平台上筛选合适运力的这个过程中，双方不但可以借助 GIS 技术、计算机技术等对地理空间数据和线路数据进行综合分析，获取高效的、便捷的运输方案，而且还能节省业务流程中不必要的环节和开支。业务流程中间环节的减少，加上交易信息也逐渐透明化，会带来服务和交易成本的大幅降低。

3. 行业信息更加丰富透明，市场环境更加诚信

在传统的公路货运市场中，货运供给大多是以个体、小规模的运力为主，故运力组织也是小型化的，而货源组织却是以信息交易服务中介为主，这样就会使运力供给和需求之间的信息不对称。但是，在网络货运平台上，货运市场的信息交易是透明化的、对称的，一旦出现欺诈行为，能够方便地进行记录和查询。如此一来，不论是车源还是货源的提供者，双方都会按照诚实守信的原则来进行合作。因此，网络货运平台上更易于达成诚信合作，并且会促进净化行业环境。

二、网络货运平台运力的分类

网络货运平台运力的基本结构一般分为三层：临时运力、合同运力、自有运力。临时运力指网络货运平台临时匹配到的第三方运力。通常也包括企业运力、个体运力和车队运力等。合同运力是网络货运平台企业根据自身承运的长期运输量，用定向约定、招采方式、招呼型的方式达成合作的第三方运力资源，比如专业的运输企业、车队或者个人运力。自有运力即为网络货运平台企业自身所具有的运力，比如企业自身所具有的车辆，或者通过包车、共建运力的方式所使用的运力。

第二节　网络货运平台临时运力的组织与管理

一、网络货运平台临时运力概述

1. 网络货运平台临时运力的分类

一般而言，将网络货运平台上临时运力的接单频率作为分类指标，可以将运力细分为"活跃型"运力、"冒泡型"运力、"潜水型"运力，具体如图6.1 所示。"活跃型"临时运力指的是网络货运平台上接单频率高、货运订单完成数量多的临时运力。该种运力具有历史货运信息透明清晰、活跃性强、响应速度快的特点。"冒泡型"临时运力是指在网络货运平台上接单记录不多、活跃性不是很强的临时运力。"潜水型"临时运力是指在平台已注册但没有接单记录或接单记录非常少的临时运力。

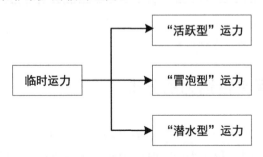

图 6.1　临时运力分类

2. 网络货运平台临时运力的优缺点

网络货运平台临时运力的优点很明显，比如无固定成本、维护成本的投入低、货运信息透明、运力调配充足、货运过程中由多方监测，运力组织较为快捷方便、有多方监管等。但它存在的缺点也很明显，主要表现在以下两个方面：一是运价无法合理界定；二是服务质量不稳定，标准化程度低。网络货运平台上的临时运力多为个人运力,没有统一的、标准的运输要求约束,故提供服务的质量较不稳定。

二、网络货运平台临时运力的管理

(一)网络货运平台临时运力评价管理

网络货运平台上的临时运力可以根据接单频率分为三种不同的类型,其相应的运力评价方式如下。

1. "活跃型"运力

网络货运平台上选择合作"活跃型"临时运力的时候,首先有可能遇到以前合作过的企业临时运力、车队临时运力以及个体临时运力。面对这些临时运力,平台有一定的了解,所以评价的方式可以简单一些。对合作过的运力进行指标评价或者参数选取时,都有历史的可靠数据供参考,比如,历史运输准点率、历史运输安全率、历史运价、合作次数、合作满意度等,网络货运平台通过诚信管理,根据行业的特点,可以从这些方面增设对业务品质标准和满意程度的评价功能,实际承运人与货主可以真实对接、相互评价。

2. "冒泡型"运力

相较于"活跃型"运力,"冒泡型"运力在网络货运平台上的接单率和运单记录较少,故货运信息并不齐全。故而在评价筛查这类运力时,除了平台上所能查询到的运输准点率、合作满意度、运输安全率等评价指标外,也应着重考虑承运者的信用名声、风险承担能力等要素。

3. "潜水型"运力

在网络货运平台中,也存在着注册时间较长但首次接单的临时运力。这种类型的运力在平台上没有任何的运输信息和货运记录,也没有运输评价的信息。此时,要想对其进行评价,可以从注册信息入手,并要求其提供补充信息。

(二)网络货运平台临时运力交易管理

1. 平台方面

1) 运力审核

网络货运平台应当对注册的运力进行资质登记查验。提供运输服务的车辆应当具备合法有效的营运证(从事普通货物运输经营的总质量 4.5 吨及以下普通货运车辆除外)、驾驶员具有合法有效的从业资格证(使用总质量 4.5 吨及以下普通货运车辆的驾驶人员除外)。网络货运平台也应当对实际承运人资质信息进行审核,通过审核后方能准予其在平台上承担运输业务。网络货运平台应确保线上提供服务的车辆和驾驶员与线下实际提供服务的车辆和驾驶员一致。

2) 支付流程

在网络货运平台上,客户可以在线上完成所有的交易支付的环节,更有效地保证资金的安全。每次将运费支付给平台之后,平台会将货物交予实际承运人承运,当运输任务成功完成,平台与承运人结算运输款项。通过这样的流程,可以减少骗货、司机临时跑路或者运输款项丢失的问题。

2. 保险方面

2019 年 9 月,交通运输部办公厅印发《网络平台道路货物运输经营服务指南》,明确"鼓励网络货运经营者采用投保网络平台道路货物运输承运人责任险等措施,保障托运人合法权益"。因此,除了上述的平台在线审核和评价承运方的保障之外,委托方还可以通过平台来为所托运的货物购买保险来降低运输风险。

首先,将保险加入网络货运平台订单流程,将保险方的数据资源和网络平台自有的数据资源相结合,通过大数据+AI 算法,对委托方的风险进行智能风险评级,准确度量投保客户的货物风险大小,为委托方提供恰当合适的风险推荐,并且可以基于平台场景及委托方需求进行保险产品设计、产品筛选及产品对接等。其次,委托方可以在线一键投保,实时出单、实时生效,满足监管规定。出险后,保险公司可以通过自身的事故发现智能引擎快速分析车辆行驶轨迹，侦测甄别案件可信度。最后，对运输过程进行精细化管理。委托方在网络货运平台投保后，可以实时查看车辆行驶轨迹。同时，对于超速、疲劳驾驶、危险路段、异常天气等影响行车安全的高风险信息，保险方也会进行预警推送，降低货损概率。

(三)网络货运平台临时运力风险管理

1. 临时运力风险

在网络货运平台上委托临时运力来进行运输任务时，风险是面临的第一个关口。由于临时运力来源复杂多样，对其进行背景调查较为困难，所以在很大程度上会提高经济损失的风险。若是临时运力没有按照约定完成运输任务或者逃避责任，则网络货运平台面临赔付责任，从而给平台造成经济损失。

2. 临时运力风险管控

网络货运平台在将运输业务外包给临时运力的过程中，双方必须确保合同的规范性，保证合同中运输任务的有效落实。通过完善双方的利益和风险机制共担，使两者之间的合作关系牢不可破，进而相互促进发展。尽管是紧急情况下匹配到的临时运力，也必须在合同中将运输细节标注清楚，以便落实合同条款，确保运输服务无误。

第三节　网络货运平台合同运力的组织与管理

一、网络货运平台合同运力概述

网络货运平台上的合同运力的构成比较复杂，因此，根据网络货运平台上合同运力的规模大小，可以将合同运力划分为三种类别，如图6.2所示。

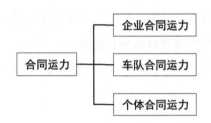

图 6.2　网络货运平台合同运力分类

有些网络货运平台拥有部分合同运力,一是可以减少固定资产投资,加速资金周转。投资自有运力需要大量资金投入来购买运输设备、车辆等,这些占用了平台大量的流动资金,也提高了平台的运营风险。若使用了合同运力,则可以将这些风险最小化。二是平台可以针对多样化的顾客需求,提供便利、优质、定制化的服务。

二、网络货运平台合同运力的管理

(一)网络货运平台合同运力评价指标体系

1. 筛选网络货运平台合同运力应遵循的原则

对于网络货运平台合同运力的筛选,应当遵循以下原则:一是及时准确,即按照运输要求,将所运货物运达目的地,途中不出现差错事故,并且尽量缩短运输在途时间。二是经济安全性,就是以实惠、合理、安全保险的运输方案,有效利用运输设备,节约运输资源,提高经济效益,降低运输成本,将货物安全送至目的地。

2. 评价网络货运平台合同运力的指标体系应遵循的原则

评价网络货运平台合同运力的指标体系,应遵循以下原则。

1) 科学性原则

该体系必须建立在科学理论的基础上,结合实践经验,选取概念明确、严谨合理的指标,切实反映各运力的实际状况。

2) 适用性原则

选取指标的目的就是为分析评价服务，故选用的指标不仅应直白明了，也应易于得到，如此才可以在实际生活中得到广泛应用。首先，数据要易于获取。评价指标所需要的数据无论是定性还是定量，其来源必须可靠有效，否则工作难以进行。其次，指标要简单，方法应该简便，在能保证评价结果客观、全面、可靠、科学的前提下，尽可能地简化流程。最后，要保证数据的准确性以及操作的规范性。在进行数据的计算、核查和评价过程中的步骤，都应该控制数据的标准性、规范性、准确可靠性。

3) 通用可比性原则

评价指标体系的设置应该采用通用的、易于理解的名称、方法，使相关的指标之间具有可比性。

4) 简洁明了原则

选取指标应尽量简明并且有代表性，能够极大程度地反映清楚问题，进而引导鼓励被评价方朝着正确方向和目标改进。

3. 指标选取步骤

评价体系的建立应当综合运用定性分析和定量分析两种方法。定性分析主要是从评价的目的出发，考虑评价要素的简明性、稳定性、方法的可实施性等，进而主观确定指标。定量分析则是指通过一系列的计算、检验，使指标体系更加完备合理的过程。故而，指标体系构建过程可以分为两个步骤：初次评选阶段和筛选完善阶段。

1) 指标的初次选取

指标体系的初次选取有两种方法：分析法和综合法。前者是指将评价对象细分，细分后的各个部分都可以用具体的指标描述和测量。而后者则是对已经存在的部分指标，在做出基础归类整理后加以完善，使其成为新的、更加完备的一套指标体系。

2) 指标的筛选审查

初次选取评选指标并非一蹴而就，还必须对之后的体系进行审查处理。首先是所选指标的数值获取是否简易，无法取得确切数值或者获取数值成本过高的指标均不可取。其次就是指标的处理计算。最后，还有指标的重要程度、必要性等。通过对网络货运平台合同运力相关资料的查阅和实际情况调研，建议将合同运力的评价指标的初选和筛查阶段同时进行。

4. 评价指标体系

通过参阅文献和调研可了解到，网络货运平台合同运力中的评价涉及信誉、运输质量、竞争实力等方面。因此，可从这些方面着手，细化选择企业合同运力、车队合同运力和个体合同运力的评价指标。

1) 信誉

网络货运平台选择第三方运力进行运输任务外包时，首要考虑的是第三方的信誉。历史的订单履约情况和记录无疑是对其过去行为最佳的证明方法。

2) 运输质量

在运输服务过程中，客户关注点主要在于运输时效及运输服务体验，具体可用运输准时率、服务满意度以及货损货差率这三个指标进行评价。运输准时率就是其是否能够准时抵达目的地；服务满意度是以往客户对于运输服务是否满意所给的平均分。

3) 竞争实力

一般情况下，竞争实力主要表现在其资产和负债能力上。对于企业合同运力而言，可以从企业的营业收入、净资产利润率以及货运车辆数量来评价。车队较企业来讲，实力较弱，但也可以从员工数量、货运车辆数量以及年货运收入进行综合评价。对比之下，个人合同运力就可以从货运车辆的性能情况、个体司机从业年限和履约订单数量这三个指标来评价。

5. 构建网络货运平台合同运力的评价体系

根据前文中的网络货运平台合同运力分类，网络货运平台合同运力评价指标体系将从企业、车队、个体这三种类别分别构建，由一级指标、二级指标构成递阶层次体系。其中，一级指标是由企业信誉、企业服务质量、企业竞争实力构成，根据合同运力的类别不同，所选取的二级指标会有所区别。

1) 企业合同运力评价体系

一般情况下，评价企业合同运力的指标，主要有运输质量、企业信誉和企业实力三方面，详细的指标体系如图6.3所示。

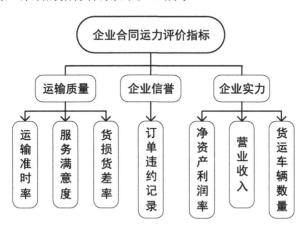

图6.3　企业合同运力评价指标体系

2) 车队合同运力评价体系

车队合同运力评价体系与企业有相同之处，也有所区别。评价企业实力的指标主要为员工数量、货运车辆数量和年货运收入三个方面。具体的车队合同运力评价指标体系如图6.4所示。

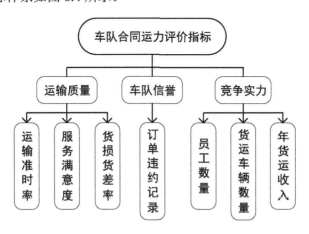

图6.4　车队合同运力评价指标体系

3) 个体合同运力评价体系

个体合同运力评价体系不同于企业和车队，竞争实力的评价也与前两者不同。针对个体运力的实际情况，其竞争实力评价将从货运车辆的性能、履约订单数和司机从业年限三个方面进行指标选择。因此，个体合同运力的评价指标体系如图6.5所示。

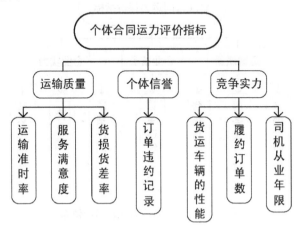

图 6.5　个体合同运力评价指标体系

(二)综合评价方法介绍

综合评价的方法较多，而且各种方法的适用原理、范围均有所不同，故而对于不同情形下的具体问题要恰当地选出合适的方法。下面介绍几种常见的综合评价方法。

1. 层次分析法

1) 层次分析法的内涵

层次分析法是一种定性与定量相结合的、系统化、层次化的分析方法。该方法通过系统分层的手段，对评价目标的总准则进行连续分解，并且以两两比较的方式来确定各层子准则的权重，之后以最下层的准则的权重定权，加权求出最终指数，依据综合指数大小来评定。

2) 层次分析法的优缺点

层次分析法的优点是将实际中不易于测量的目标量化；分层确定权重，以组合权重计算方式计算综合数值，减少偏差等。但层次分析法也有缺点，例如在一致性范围内构造的判断矩阵不同，可能会得到不同的结果；通过加权、分层综合之后，指标被弱化等。

2. 模糊综合评价法

1) 模糊综合评价法的内涵

模糊综合评价法根据模糊数学的隶属度理论把定性评价转化为定量评价，即用模糊数学对受到多种因素制约的事物或对象做出一个总体的评价。该法是把模糊因素集对应的模糊权向量集，依据单因素评判矩阵采取合适的合成算子进行模糊变换，得到一个模糊综合评判结果 B，并对结果进行比较分析进而判断目标优劣。它具有结果清晰、系统性强的特点，能较好地解决模糊的、难以量化的问题，适合各种不能准确度量的事物的评价。

2) 模糊综合评价法的优缺点

模糊综合评价法的优点和层次分析法的优点类似，可以将不完全信息转化成模糊概念，将定性问题定量化。但其只考虑了主要因素的作用，使评价结果并不全面，而且主观性很强。

3. TOPSIS 法

1) TOPSIS 法的内涵

TOPSIS 法是从归一化后的原始数据矩阵中找到有限方案中的最优和最劣，然后计算各个评价对象与这两者之间的距离，获得各个评价对象与两者的相对接近程度，以此作为评价目标对象优劣的依据。

2) TOPSIS 法的优缺点

TOPSIS 法能充分利用原始数据信息，排序结果又能直观可靠地反映评价对象的优劣程度，且方法简单，应用性强。但该方法在求规范决策矩阵时较为复杂，不易求出正理想解和负理想解。除此之外，当评判的环境与指标类型发生变化时，也会使从规范化矩阵中挑选的上下界值发生变化。

上述的综合评价方法都较为简单、易于操作，并且适用范围较广。因此，在网络货运平台合同运力的评价指标构建完成之后，可以借助上述几种常见的综合评价方法对合同运力进行评价。

第四节　网络货运平台自有运力的组织与管理

一、网络货运平台自有运力概述

(一)自有运力业态的形式

在自有运力业态中，包括三种形式。第一种是自身持有车辆，即企业自身投入全部资金购买车辆，还包括雇用司机、采集物料以及对于运力的各种维护、保养、保险、年检等多方费用。第二种是共建运力模式，即企业出资购买车辆资产，初始归企业所有，但和司机约定时间期限和线路运价的分成比例，运力的维护保养归司机个人承担，到期后该资产归司机所有。第三种就是包车，大体分为包业务和包时间。包业务就是在这个业务的时间期限内，出车的次数必须达标；包时间即这一段时间里，该运力必须只给客户方运输工作。

(二)设置自有运力的优缺点

网络货运平台拥有自有运力的主要优点是运力组织较为快捷，稳定性强，运输安全性和质量高，客户体验反馈直接，车货人的实时追踪性和动态监控方便迅速，掌握控制权，运价合理可控。网络货运平台拥有自有运力的主要缺点是短期单次运输的固定成本高，资金占用大，企业运营和管理成本高，运能固定，业务与成本平衡度难以把控。

二、网络货运平台自有运力的管理

(一)网络货运平台自有运力考核体系

网络货运平台要提高自有运力的效率,就必须建立有效的考核体系。通过设置合理的考核指标,提高管理的精细化程度。其中,绩效考核体系的具体内容如图6.6所示。

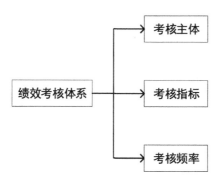

图 6.6 绩效考核体系

1. 考核主体

网络货运平台对自有运力的考核对象主体包括企业自有运力中涉及的所有驾驶车辆以及驾驶人员。

2. 考核指标

1) 经济指标

经济指标指的是可以量化来衡量的效益指标。其主要从运输成本、运输车辆和运输人员三个方面进行考核。其中,运输成本是以货物吨千米成本作为考核指标,运输车辆的考核主要包括车辆运输次数、载运与空驶运行里程以及车辆运行时长等指标,运输人员是从人工时长和人工运输次数这两个方面进行量化考核。

2) 技术指标

技术指标即无法直接用价值衡量但却可以用服务质量来转化的服务指标，比如运输质量、运输服务等。其中，运输准点率、货物的破损率等指标用来考核运输质量，运输服务是从客户满意度等指标进行考核。

3. 考核频率

考核频率是指考核的周期，一般以月度考核居多。每月初考核小组向绩效管理部门提交上月考核数据，完成相关考核任务。

(二) 网络货运平台自有运力管理准则

1. 驾驶员管理准则

(1) 所有驾驶人员必须严格遵守交通法规，遵守公司各项规章制度，确保交通安全。

(2) 驾驶人员应爱护车辆，平时注意车辆的保养，保证机件外观良好，使用后应将车辆清洗干净。

(3) 驾驶人员应服从车辆调度人员的安排，树立服务意识，提高服务质量，满足运输工作的需求。

(4) 驾驶人员必须树立成本意识，从各个环节努力降低车辆运输成本。

(5) 驾驶人员必须以公司的利益和信誉为己任，规范自身言行，为公司树立良好形象。

(6) 驾驶人员出车前需要做好基本检查(例如水、油量、机油、刹车油、电瓶、轮胎气压等)。

(7) 如果发现故障、配件失窃或损坏等现象，应立即报告。否则后果由当班驾驶人员承担。

(8) 驾驶人员应服从现场管理将车辆停放于指定位置。

2. 运输车辆管理准则

(1) 每车应配置一份行车日志(按月设置)，内容包含但不限于以下内容：

日期、时间、始发地、目的地、到达时间、始发里程数、到达里程数、加油升数、途中突发事件登记(例如补胎、变更行车路线等)。

(2) 每月组织对车辆行车路线、里程数等进行抽查，对严重不符者，需要说明原因并追究相应责任。

(3) 运输部门建立车辆年审、维修、保养、轮胎更换台账，月底由财务部门、行政部门联合稽查。

3. 车辆安全管理准则

(1) 车辆安全检查由车辆技术安全专员负责。

(2) 车辆每日出车前和收车后，驾驶人员应对车辆进行全面的安全检查。

(3) 每月由车辆技术安全专员负责组织对所有车辆的安全检查。检查项目包括制动、转向、灯光及车上所有设备的完好情况，并记录在案。

(4) 对车辆存在的安全隐患要及时采取措施予以消除，确保车辆的安全运行。

(5) 贯彻"以防为主"的原则，建立健全安全管理体制及各种安全管理档案。

(6) 及时传达上级管理部门的文件和会议精神，结合车队的实际情况，贯彻落实。

(7) 定期对运输工作进行总结，抓好典型，奖优罚劣。

(8) 定期进行车辆检查，使车辆经常保持良好的技术状态；长途运输必须严格检验车辆，按规定执行长途运输任务。

(9) 在运输过程中要随时检查载运的货物，发现异常及时采取措施，做到防雨、防火、防盗、防撞，使货物完好无损地到达目的地。

(10) 严格执行运输纪律，在长途运输中，不得加接私活(例如带货、带人等)。

(11) 对交通事故本着"三不放过"原则：事故责任不清不放过，事故分析不清不放过，责任人和其他员工没有受到教育不放过。

(12) 不得超速行驶。

4. 事故处理准则

(1) 未经允许，将车借给他人使用，违反交通规则或发生事故的，所造成的损失由借车人承担，并对其予以记过或辞退处分。

(2) 违反交通规则，罚款由驾驶员自行承担。

(3) 车辆在运输途中遇到不可抗事故，应当先急救伤患人员，同时报案，并立即通知运力部安全员协助处理；如果是小事故，可自行处理，但必须先向公司报告情况。

(4) 意外事故造成车辆损坏的，其损失在扣除保险理赔后，再视实际情况由驾驶员与公司共同承担。

(5) 发生交通事故后，如果需要向受害当事人赔偿损失，在扣除保险理赔后，再视实际情况由驾驶员与公司共同承担。

思 考 题

1. 网络货运平台运力管理的重点在哪里？
2. 如何对临时运力进行有效管理？

第七章 我国网络货运平台区域发展状况

【教学目标】

- 了解我国网络货运平台的发展总体状况。
- 了解我国东部地区、中部地区和西部地区部分省份网络货运平台的发展状况。

我国不同地区网络货运平台的发展呈现一定的差异。本章在对我国网络货运平台区域发展总体状况进行分析的基础上，分别对我国东部、中部、西部地区网络货运平台发展状况进行阐述。

第一节　我国网络货运平台区域发展状况概述

按照交通运输部、国家税务总局《关于印发〈网络平台道路货物运输经营管理暂行办法〉的通知》的要求，交通运输部无车承运人试点工作于 2019 年 12 月 31 日结束，自 2020 年 1 月 1 日起实施《网络平台道路货物运输经营管理暂行办法》。

我国经济发展进入数字时代，网络货运平台作为物流行业数字化转型的代表，在数据存储、分析、使用等方面均走在行业的前列。网络货运平台在大数据、云计算、人工智能等技术的驱动下，依托交易数据优化资源配置，进行智能定价、就近派车、路线优化并产生了良好的经济效益，有效实现企业降本增效。

一、我国网络货运平台发展总体状况

(一)网络货运行业尚处初级发展阶段

由于《网络平台道路货物运输经营管理暂行办法》实施时间短，且受新冠肺炎疫情影响，当前使用网络货运平台的货主和运力仍属少数，平台能力也参差不齐，我国网络货运行业尚处于初级发展阶段。

企查查数据显示，2020 年网络货运相关企业注册数量同比增长 68%，比往年增速大幅提升。由于目前处于政策实施早期，所以很多企业对网络货运平台的理解还不够深入，其中不乏大量仓促取得资质的平台，实际技术能力、运营能力不足以支撑平台持续运营的企业。

据交通运输部网络货运信息交互系统统计，截至 2021 年 9 月 30 日，全国共有 1 755 家网络货运企业(含分公司)，整合社会零散运力 297 万辆，整合驾驶员 301 万人；第三季度完成运单 1 657.6 万单，环比增长 30.0%。

按《网络货运信息化监测评估指标体系》要求，2021 年第三季度，正式上传单据的 30 个省份(青海暂无网络货运企业)和新疆生产建设兵团，所辖网络货运企业整合运力规模排名前三位的省份依次为江苏省、山西省、山东省；完成运单量排名前三位的省市依次为天津市、山西省、江苏省；单据上传率排名前三位的省份依次为河南省、山东省、吉林省。

2021 年前三季度，在 1 755 家网络货运企业(含分公司)中，有 293 家企业未上传运单，其中山东省 34 家，内蒙古自治区 27 家，安徽省 24 家；536 家企业未按要求上传驾驶员位置信息，其中贵州省 89 家，江苏省 49 家，陕西省 44 家。

(二)网络货运发展监测情况

《交通运输部办公厅关于公布网络平台道路货物运输运行监测情况的通知》等文件显示，我国网络货运发展已获得初步成效，主要表现在以下几个方面：

(1) 资源整合能力逐步提升。全国 983 家网络货运企业(不含分公司)共整合社会零散运力 189 万辆，约占全社会营运货车保有量的 17.4%，比 2020 年提高了 6.8 个百分点，网络货运平台集聚效应逐步显现。

(2) 运营服务网络持续拓展。网络货运服务网络覆盖全国 31 个省(自治区、直辖市)和新疆生产建设兵团，共 333 个地级市、2 701 个区县地市级节点已实现全覆盖，区县网络覆盖率高达 86%。

(3) 先进组织方式加快推广。网络货运企业整合牵引车和挂车数量占整合运力总量的 76.3%，其中，牵引车与挂车数量比为 1∶1.6，多式联运单量比重逐步提升，公铁、公水、陆空等三种运输方式完成单量占多式联运单量的 91.1%。甩挂运输、多式联运等先进运输组织方式加快推广应用。

(4) 市场格局不断优化。排名前十位的网络货运企业整合运力、完成的运单量与货运量分别占总规模的 51.4%、59.3%与 61%，道路货运市场集中度不断提高。85%以上的车辆与网络货运企业形成了较强的业务黏性，网络货运逐步成为推动道路货运集约化发展的重要载体。

二、我国地区网络货运平台发展状况

(一)我国东部地区网络货运企业发展状况

截至 2021 年 2 月 25 日，我国东部地区各省申报网络货运企业数量之和占比接近 40%。我国东部地区包括河北省、北京市、天津市、辽宁省、山东省、江苏省、上海市、浙江省、福建省、广东省、海南省。其中，申报网络货运企业数量较多的省份为河北省、江苏省，其次是山东省、天津市、辽宁省、浙江省等，北京市、上海市等省市申报的网络货运企业数量较少。

(二)我国中部地区网络货运企业发展状况

截至 2021 年 2 月 25 日，我国中部地区各省申报网络货运企业数量之和占比接近 30%。我国中部地区包括山西省、河南省、安徽省、湖北省、江西省、湖南省。其中，申报网络货运企业数量较多的省份为安徽省、河南省等，山西省、江西省等省份申报的网络货运企业数量较少。

(三)我国西部地区网络货运企业发展状况

截至 2021 年 2 月 25 日，我国西部地区各省申报网络货运企业数量之和占比超过 30%。我国西部地区包括 12 个省市及自治区，即西南五省区市(重庆市、四川省、云南省、贵州省、西藏自治区)、西北五省区(陕西省、甘肃省、青海省、新疆维吾尔自治区、宁夏回族自治区)和内蒙古自治区、广西壮族自治区。其中，申报网络货运企业数量较多的省份为贵州省、内蒙古自治区等，重庆市、青海省等省市申报的网络货运企业数量较少。

第二节　我国东部地区网络货运平台发展状况

自 2020 年 1 月 1 日起全国开始实施《网络平台道路货物运输经营管理暂行办法》，我国东部地区网络货运平台发展迅速，在数量、覆盖率等方面都有重要突破。我国东部地区网络货运平台不仅数量多，而且集约化程度高，能够合规有序地创新发展。本节重点介绍天津市、山东省、江苏省、浙江省、黑龙江省和福建省的网络货运平台发展状况。

一、天津市网络货运平台发展状况

为了适应网络货运新业态，充分利用互联网优势，促进天津市道路货运行业从"零、散、小、弱"向集约化、规模化、组织化方向转化，逐步实现物流高效运行，促进道路货运行业降本增效，带动道路货运行业转型升级，按照中华人民共和国交通运输部工作部署，天津市探索货运发展新模式，创新工作流程，结合天津市无车承运试点企业数据对接和监测经验，委托第三方建设天津市网络货运经营运行监测平台，并于 2019 年 12 月正式上线，实现了与网络货运经营者信息平台对接，实现了与交通运输部网络货运信息交互系统的监测数据实时报送。天津市网络货运运行监测平台显示，自 2020 年 1 月至 2021 年 11 月，天津市已完成 77 家网络货运企业的行政许可(含备案的 14 家外地企业在天津设立的分公司)，共整合车辆 147 万余辆，驾驶员 145 万名，完成运单 1 444 万笔，资金流水单 1 607 万笔，累计实现货物运输量 2.49 亿吨，合计运费 396 亿元。其中，天津市网络货运共整合天津籍货车 2.6 万余辆，涉及 60 家企业，完成运单 66 万笔，累计实现货物运输量 1 183 万吨，合计运费 11 亿元。

自 2020 年天津市启动网络货运许可以来，天津市区两级交通运输主管部门和税务部门严格落实《交通运输部国家税务总局关于印发〈网络平台道路货物运输经营管理暂行办法>的通知》(交运规〔2019〕12号),创新方法、稳步推进,在营造网络货运企业发展环境方面取得积极成效。为了建立交通、税务两部门信息共享和协作机制,加强网络货运事中事后监管,引导和促进网络货运企业健康发展、合规经营,天津市交通运输委、国家税务总局、天津市税务局联合建立事中事后联合监管机制,强化交通运输行业监管力量,提升网络货运行业税收监管质量,支持网络货运行业健康稳定发展。天津市按照"严监管、强服务"的原则,学习调研其他省市网络货运先进经验,制定网络货运考核体系和退出机制,引导企业合规合法经营,推动网络货运行业健康稳定发展。

二、山东省网络货运平台发展状况

自2020年1月1日全国启动网络货运工作以来,山东省交通运输系统深入贯彻落实交通运输部及国家税务总局联合印发的《网络平台道路货物运输经营管理暂行办法》,全力加快推动山东省网络货运发展。截至2020年5月底,山东省网络货运监测系统的统计数据显示,山东省已经开展网络货运经营的11家网络货运企业,共整合社会车辆90 613辆,运单280 183单,货运总量892.8万吨,运输费用总额7.7亿元。截至2020年6月,山东省网络货运申报流程实现全程网办,建设完成省级网络货运监测系统,及时开展对申报企业的线上服务能力认定工作,全省共有41家企业申请线上服务能力认定,24家企业通过线上服务能力认定获得《道路运输经营许可证》。

山东省部分地市也在积极发展网络货运,临沂市着力打造城市绿色货运配送发展"临沂样板",坚持创新驱动,大力发展货运配送新业态,鼓励商贸流通企业发展共同配送、集中配送、网络货运、多式联运等新业态。截至2021年4月,临沂共有网络货运企业10家,数量位居山东省第一。为进一步发展网络货运业务,烟台市蓬莱区交通运输局在前期工作部署的基础上,深入全区110家道路货物运输企业积极宣传,鼓励符合条件的企业申报网络货运平台。

三、江苏省网络货运平台发展状况

江苏省从 2016 年积极开展无车承运试点工作，先后有 90 多个项目参加，总计完成运单 1 187 万单，运量超过 2.2 亿吨，整合车辆 122 万辆，交通运输部监测指标中整合车辆数和运单数分别居全国第一和第二，培育"运满满""中储智运"等多个无车承运企业品牌，平台的集聚效应逐步显现，行业集中度不断增强。"运满满"将司机配货时长从 2.27 天降到 0.38 天，将空驶率从 37%降到 32%；"中储智运"业务辐射全国 328 个城市，涵盖运输线路近 8 000 条。

2020 年江苏省网络货运企业达 83 家，整合车辆 59.8 万辆，运输货物达 1.7 亿吨，交易额达 202 亿元，处于全国领先地位。无车承运人试点工作为江苏省网络货运发展奠定了坚实的基础。为进一步规范和促进江苏省网络货运平台发展，江苏省出台了《关于做好网络平台道路货物运输经营管理工作的通知》。申请从事网络货运经营的，直接向所在地县级交通运输主管部门提出线上服务能力认定申请；具备线上服务能力的，方可申领道路运输经营许可证。申领和颁发道路运输经营许可证，按照《中华人民共和国道路运输条例》《道路货物运输及站场管理规定》的规定办理。外省网络货运经营者在江苏省首次设立分公司时，应提供所在省级交通运输主管部门出具的网络货运经营线上服务能力认定证明材料，向江苏省省级交通运输主管部门申请接入江苏省网络货运监测与服务系统。

江苏省出台的《关于做好网络平台道路货物运输经营管理工作的通知》中，要求江苏省各地交通运输部门进一步加大对网络货运的支持，鼓励网络货运在城市配送、农村物流、冷链物流等重点物流领域推广和应用；鼓励网络货运经营者应用互联网技术整合物流资源，应用多式联运、甩挂运输和共同配送等运输组织模式，实现规模化、集约化运输生产；鼓励网络货运经营者组织新能源车辆、中置轴模块化汽车列车等标准化车辆运输，积极开展跨区域网络化经营，加强与实体产业的合作，提供供应链服务，切实促进物流业降本增效。

四、浙江省网络货运平台发展状况

为了促进浙江省网络货运的健康发展，把握网络货运的重要发展机遇，助力浙江省现代物流业转型升级，2021年7月，浙江省交通运输厅印发了《浙江省综合运输发展"十四五"规划》(以下简称《规划》)，成为浙江省面向综合运输服务领域的第一个五年规划。《规划》提出了14个可见效、可推广、可示范的专项行动任务，以点带面推动规划落地。其中一个便是运输市场经营主体转型培育行动。开展道路客运站场混合开发试点，各地市打造形成2~3个客运站场混合开发经营样板，货车整合数在1万辆以上，网络货运平台5家以上，培育各类多式联运经营人15家以上。

2020年7月，杭州市管理中心切实做好网络货运相关工作，规范网络平台道路货物运输经营，推动实现道路货运行业高质量发展，积极培育网络货运。截至2020年6月底，杭州市已许可网络货运企业4家，并从推动物流业降本增效、创新运输组织模式、促进物流资源整合、规范市场主体行为、提升物流服务水平等方面深入企业指导相关工作。杭州市管理中心将推进监管升级，提高"互联网+"管理服务能力，围绕"放管服"改革、"最多跑一次"改革等精神，适应"互联网+"新业态发展带来的行业监管方式改变需求，构建集数据汇聚、数据监测、数据研判等于一体的"互联网+货运监管"平台，完善事中、事后监管，提高道路货运行业的监测、预警和管理水平，推动"互联网+政务服务"和"互联网+"行业监管双提升。

五、黑龙江省网络货运平台发展状况

黑龙江省大力支持网络货运产业发展。2020年5月，黑龙江省正式发布《关于做好网络平台道路货物运输经营管理工作的通知》，放开市场准入。黑龙江省交通投资集团有限公司发挥全省交通运输领域产业主导优势，第一时间启动筹划建设网络货运项目，在哈尔滨市平房区政府的大力支持下，双方携手合作，谋定打造东北地区首个网络货运数字产业园区目标。黑龙江省交通投资集团有限公司以企业的视角、保姆式的孵化服务，为传统物流企业转型提供"行政审批+技术平台+运维管理+政策扶持+供应链金融"全方位培育支持，充分利用全省物流资源，发挥区位优势，抢占行业转型升级制高点，开拓黑龙江省乃至东北地区物流市场存量空间。

2020 年 9 月，哈尔滨新区管委会交通运输管理局向落户于自贸区哈尔滨片区的黑龙江省交通投资集团有限公司权属企业黑龙江龙运集团俄运通公司颁发了"网络货运道路运输经营许可证"，这是自 2020 年 1 月 1 日交通运输部和国家税务总局印发实施《网络平台道路货物运输经营管理暂行办法》以来，黑龙江省发出的第一张网络货运运营牌照，标志着黑龙江省道路货运行业正式迈入"互联网+货运"的新阶段。为了推进网络货运发展，哈尔滨新区管委会交通运输管理局充分利用新区政策优势，结合"放管服"改革，推进网络平台经济的建设，谋划新区交通运输网络模式，走出一条高效、集中、整合的新道路；实现"零而不乱，散而有序"良性循环发展方向，带动传统运输行业向供应链现代物流综合服务业转型升级；以网络货运为切入点，积极引导企业发展现代物流产业。

2021 年 8 月 6 日，黑龙江省交通投资集团有限公司与哈尔滨市平房区政府签署合作协议，启动黑龙江省网络货运数字产业园项目，旨在打造东北地区首个网络货运平台型企业生态集聚区和数字物流孵化产业园区，以智慧手段提高黑龙江省数字经济竞争力。黑龙江省网络货运数字产业园项目以"实现黑龙江省货运物流行业产业聚集发展、行业降本增效、运营健康规范、产值跨越提高"为目标，建设黑龙江省乃至东北地区网络货运行业发展的重要聚集平台，快速实现货运物流产业的聚集发展，为东北三省传统货运行业向规范化、数字化、智能化、网络化转型升级提供孵化支撑，具有良好的经济效益和社会效益。项目计划利用 3 年时间，力争实现入驻服务企业规模 300 家以上，年产值 500 亿元，税收 35 亿元。未来，双方将共同努力推动项目投入实施，在数字经济战略上抢新机，以"东北地区网络货运数字产业园区"建设为突破，用"数字"为经济赋能、为发展提质、为治理增效，构建黑龙江省物流运输新业态，切实把黑龙江省网络货运"大平台""大市场"搭建好、培育好。

2021年9月,黑龙江省人民政府出台的《黑龙江省人民政府办公厅关于推动物流降本提质增效的实施意见》中提到,积极引进、大力培育网络货运企业,将在黑龙江省注册落户的网络货运企业每年缴纳到省市两级税收的增量部分,100%返还注册地所在县(市、区)政府,用于支持发展网络货运产业。

六、福建省网络货运平台发展状况

"十三五"期间,福建省网络货运、快递业务收入分别超过958.2亿元、1 000亿元,为稳增长作出积极贡献。运输服务从业人员达50万人,为稳就业提供重要支撑。2018年底以来,仅两年多时间,福建省交通运输现代服务业实现由从无到有向从小到大的跨越,网络货运企业由2018年的16家增至44家。2020年,福建省网络货运企业年营业收入超过500亿元,是2018年的9倍。福建省政府出台应对疫情支持交通运输现代服务业发展十一条措施,全年完成投资320亿元,同比增长72%,生成169个项目,新培育11家月营业收入超过5 000万元的网络货运企业,返空汇、G7、拉货宝等26个网络货运平台项目及中通、韵达在福建省注册总部或落地,网络货运企业和快递业务年收入创历史新高,分别同比增长76.8%、16%。福建省培育省级试点示范网络货运企业6家,物泊、好运联联等入围全国首批5A级网络货运平台企业,产业黏性不断增强,全国最大铁矿石贸易企业瑞钢联集团落户罗屿港。

2021年第一季度,福建省网络货运企业完成营业收入(开票总额)187.6亿元,较2019年、2020年同期分别增长183%、111%。2021年上半年,福建省交通投资累计完成542.9亿元,创历史新高,较2019年、2020年同期分别增长10.4%、1.5%,超序时进度4.3个百分点,实现时间过半任务过半。交通运输现代服务业持续迅猛发展态势,福建省网络货运企业营业收入达353.9亿元,同比增长63.4%,瑞钢联集团、顺丰等一批行业头部企业入闽设立区域总部、职能总部。

第三节　我国中部地区网络货运平台发展状况

我国中部地区网络货运平台的发展势头仅次于东部地区。其中综合型网络货运平台企业不仅为货主、物流公司、卡车司机解决物流需求匹配问题，还为客户提供税务合规、车后服务、金融保险等综合类服务。本节重点介绍山西省、湖南省、湖北省、江西省的网络货运平台发展状况。

一、山西省网络货运平台发展状况

网络货运是道路运输行业的新兴业态之一，也是推动智慧物流发展的重要切入口。近年来，山西省大力推进网络货运健康发展，制定出台《山西省推进网络货运健康发展实施方案》等相关扶持政策，合理布局网络货运企业。2020年，山西省政府在转型综合改革示范区建成山西网络货运数字产业园，吸引大批国内网络货运平台企业来晋投资兴业，当前的网络货运呈现出快速发展势头，行业规模正在不断扩大。山西省将全面提升物流业网络化、数字化、智能化水平，着力培育网络货运新业态。包括加快建设山西省网络货运信息监测服务系统平台，合理布局培育网络货运企业，提升网络货运企业整体吸引力，促进网络货运企业与公路货运枢纽融合发展等。

截至2020年底，山西省共有网络货运企业23家，其中，规模以上企业5家，整合货运车辆19.7万辆，整合驾驶员20余万人，完成货运量7 639万吨，实现营业额56.4亿元，网络货运发展初具雏形。截至2021年6月底，山西省共有网络货运企业131家，规模以上企业16家，实现营业额276亿元。

2021年以来，山西省围绕完善综合立体交通网，补短板、强服务、增动能，上半年省级交通运输行政审批事项网办率达到97.63%，网络货运营业额达276.6亿元，比2020年全年增长390.4%，成为交通运输领域新的经济增长极。2021年上半年,山西省网络货运发展势头迅猛,全省新整合货运车辆28.4万辆,新加入驾驶员28.5万人,货运量达2.7亿吨,比2020年全年增长253.4%。山西省交通运输厅党组研究制定了《山西省推进网络货运健康发展实施方案》,文件提出力争到2021年年底,发展培育营业额1亿元以上的重点网络货运企业20~30家,整合省内90%以上的中重型货车参与网络货运,年营业额在2 000万元以上的企业达到50家以上,全省网络货运企业总营业额达到600亿元。

二、湖南省网络货运平台发展状况

截至2021年12月底,湖南省已取得网络货运经营许可的企业共41家。湖南省网络货运公共服务平台数据显示,截至2021年10月31日,湖南省网络货运企业共整合车辆84 551辆,驾驶员81 419名,完成运单396 413笔,资金流水单381 391笔,合计运费15.54亿元。但是根据湖南省网络平台道路货物运输信息化监测情况,湖南省网络货运企业存在以下问题:

(1) 运营管理不规范。部分企业未按要求做到数据应传尽传,将全部网络货运业务及时上传至湖南省网络货运公共服务平台,而是通过手动选择上传数据,并未按要求上传全部运单数据;部分企业拖挂运输业务运单中未上传相应挂车信息,存在车辆信息不完整问题,其中,有6家企业许可已经超过3个月以上,但未上传运单数据。

(2) 数据异常率偏高。部分企业上传的数据出现车辆、驾驶员、实际承运人资质异常率较高以及超载监管异常率较高等问题,有8家企业综合正常率低于90%。

(3) 轨迹信息未上传。部分企业未通过湖南省网络货运公共服务平台轨迹上传接口上报运单轨迹信息;部分企业未按要求在司机端App集成驾驶员位置信息插件(SDK)上传驾驶员位置信息,造成驾驶员位置信息缺失。

为了做好网络货运工作,湖南省交通运输厅就进一步加强网络货运企业规范管理,提出了相应的工作要求。

(1) 严格管理要求。湖南省市州交通运输主管部门要督促企业严格按照监测工作要求，在运单完成后由系统自动并实时将网络货运业务单据上传至湖南省网络货运公共服务平台，不得使用手动选择批量上传数据。所有拖挂运输业务需要上传相应挂车信息，确保运单信息数据完整。运单完成后企业需要实时通过省公共服务平台轨迹上传接口上报运单轨迹信息，未上传轨迹信息运单将被判定为异常运单。企业司机端 App 应集成驾驶员位置信息插件(SDK)实时收集上传驾驶员位置信息。各地要督促企业对照标准迅速整改，完善相关功能，确保在 2021 年 12 月 31 日前整改到位。

(2) 开展监测评估。湖南省道路运输管理局将通过湖南省网络货运公共服务平台对全省网络货运企业运行情况进行信息化监测评估，建立月度公示评估结果、季度通报考核结果、年度考核排名机制，同时建立网络货运信用评价机制，将不守承诺的企业纳入重点监管范围。

(3) 加强监督管理。湖南省各地交通运输主管部门在许可过程中，要严格审核企业的经营许可申请材料，确保相关证明材料齐全真实有效、安全生产管理制度健全。湖南省各市县交通运输管理部门应及时通过湖南省网络货运公共服务平台了解辖区企业数据上报情况，针对辖区内企业接入异常、资质异常、入网异常、定位异常等问题，督促企业处理整改到位，切实履行监督管理职责。

(4) 完善退出机制。湖南省各级交通运输主管部门要充分利用湖南省网络货运公共服务平台，建立线上线下相结合的监管模式。根据《中华人民共和国安全生产法》，对存在安全隐患的企业，责令立即消除或者限期消除；拒不执行的，责令停产停业整顿并处罚款；对经停产停业整顿仍不具备安全生产条件存在重大安全隐患的，应依法吊销其经营许可证。对企业成立后无正当理由超过 6 个月未开业的，或者开业后自行停业连续 6 个月以上的，根据《中华人民共和国公司登记管理条例》，由当地交通运输主管部门抄告公司登记机关依法处理。

三、湖北省网络货运平台发展状况

近年来，湖北省交通运输部门大力发展数字经济，平台集聚效应逐步显现，推动了传统道路运输行业转型发展。截至 2021 年 10 月底,湖北省共有网络货运平台 50 家,分布在武汉、孝感等 10 个地市,入网车辆超过 33 万辆,驾驶员近 38 万人,完成运单近 169 万单,完成货运量 1.7 亿吨、货物周转量 265 亿吨千米,运费总额超过 66 亿元。网络货运依托互联网货运平台整合配置运输资源,智能匹配车货,降低了货车空驶、空载,实现零散运力、货源等资源的集约整合、高效利用,实现了降本增效。

四、江西省网络货运平台发展状况

网络货运从其前身"无车承运人"试点开始,各级政府及相关部门非常重视这一"互联网+"新业态。2020 年网络货运新政策实施以来,尽管受到新冠疫情影响,但网络货运发展仍然方兴未艾,运输行业对此反响很积极,申请网络货运资质十分踊跃。截至 2020 年 9 月底,江西省已许可了 20 家网络货运企业,为 6 家网络货运分公司办理了备案手续。网络货运业在探索与实践发展中努力前行,迄今为止,为时尚短,但颇有成效。

首先,推动了物流运输降本增效。以江西万佶物流网络货运平台为例,货物交付及时率保持了上年度的 100%,货损率由上一年度的 0.5%降至 0.4%。公司自运行网络货运平台以来,标准化审核流程,与银行联合,对用户进行四要素校验,并与国家物流公共信息平台对接,强化信息对比验证,平台投诉率基本保持在了 0.15%,相比上年度运行期间下降了 33.3%,对各项投诉、咨询等解答处理做到了 100%。随着运输车辆标准化发展,平台运输效率、配车率均得到了极大的提升,由原来的 2 小时响应、1.5 小时的匹配,提升到了 30 分钟快速匹配,较传统货运降低交易成本 10%左右。

其次,提高了物流业上下游资源集约化水平。如江西万佶物流有限公司积极践行"互联网+高效物流"的战略,为广大中小企业、社会运输车辆、第三方物流、仓储配送、工业商贸企业等各类物流市场主体提供物流公共信息服务、平台运力在线管理、物流在线交易担保、货物在线投保、交易主体验证等全系列物流增值服务,运用大数据等先进信息技术,更好地为客户提供量身定制的供应链解决方案,降低中小型运输企业实施信息化的门槛,通过现代物流+互联网金融等创新服务提升产业集约化水平,物流运输成本降低了10%~20%。

最后,进一步夯实了行业安全基础。《网络平台道路货物运输经营管理暂行办法》中明确网络货运企业承担承运人的责任,出于自身发展的需要,网络货运企业通过严格资质审查、统一服务标准、加强过程管控、在线诚信考核等市场化手段,有效规范平台上中小道路货运企业和个体运输户的经营行为。协助平台企业做好定向调度服务,帮助入驻平台司机进行定制化服务,实行阶段性货物运输安全管理宣导,提升货运安全意识,净化了货运物流市场经营环境,从而推动货运物流业安全规范发展。

2021年江西省交通运输工作安排中提到要创新运输发展模式,推进"互联网＋货运物流"模式,规范网络平台道路货物运输经营管理,重点培育3~5家网络货运龙头企业。为了规范网络货运经营,培育现代物流市场新业态,江西省交通运输部门主要采取了以下举措:

第一,做好《网络平台道路货物运输经营管理暂行办法》的落地实施。江西省交通运输部门充分认识网络货运对推进行业转型升级高质量发展的重要意义,切实做好《网络平台道路货物运输经营管理暂行办法》的贯彻落实工作,并加强配套政策宣传贯彻解读。按照《网络平台道路货物运输经营管理暂行办法》要求,对网络货运经营条件严格把关,防止一哄而上,统筹利用资质审核管理、行政处罚、联合惩戒等手段,加大对企业不规范经营行为的查处力度,规范网络货运市场秩序。

第二,规范网络货运经营许可工作流程。江西省交通运输厅制定了网络货运经营者申请许可的工作流程,对经营者申请材料、受理机关、工作时限、工作流程等进行规范,提升许可工作的透明度、公开性及便民化水平。

第三,规范网络货运线上服务能力认定流程。江西省公路运输管理局制定了规范内部线上服务能力认定工作流程,申请线上服务能力认定仅需跑一次,即可完成整个查验过程。

第四，加强省级网络货运监测系统应用，强化信息化监管。江西省交通运输厅发布了《江西省网络货运信息监测系统接入指南》，转变监管思路、创新监管模式，充分利用信息化手段加强对网络货运企业经营行为的事中事后监管，将网络货运监测系统与相关行业信息系统对接，实现线上线下一体化监管。

第四节 我国西部地区网络货运平台发展状况

我国西部地区网络货运平台的发展势头不如东部、中部地区。根据《交通运输部办公厅关于公布网络平台道路货物运输运行监测情况的通知》等文件，我国西部地区网络货运企业数量约占全国总量的 36.1%，但完成运单量仅占 5.3%。本节重点介绍陕西省、甘肃省、宁夏回族自治区和内蒙古自治区的网络货运发展状况。

一、陕西省网络货运平台发展状况

据统计，2020 年度陕西省取得道路运输经营许可证的网络货运企业共 55 家，纳入网络货运信息监测平台监测并上传数据的网络货运企业共 43 家，累计整合社会车辆 50 324 辆，完成运单数 348 373 单，完成货运量 11 329.99 万吨，交易额达 74 157.96 万元，单据接入正常率达到 96.52%，运单与资金流水单匹配率达到 94.23%。

为了深入贯彻落实交通运输部关于推进网络平台道路货物运输信息化监测工作的有关部署，在陕西省交通运输厅的大力支持下，陕西省道路运输中心积极采取有力举措，积极规范网络货运行业发展，加速提升物流发展水平，增强货运行业创新能力，引导和规范网络货运新业态发展取得阶段性成效。

(1) 运力整合规模相对集中。2020 年陕西省网络货运企业各项指标综合排名前3位的企业为陕西卡一车物流科技有限公司、绥德县货达物流有限公司、绥德县骏华科技有限公司。全年累计整合社会货运车辆50 324辆，其中车辆整合能力排名前3位的企业为西安和硕物流科技有限公司、榆林快畅通物流有限公司、陕西卡一车物流科技有限公司，整合车辆数约占陕西总量规模的80.92%。道路货运行业门槛低，弱、小、散是长期存在的市场现状，且带来流通成本较高、运输结构不尽合理等发展瓶颈。由监测数据可见，网络货运企业利用信息技术融合运力资源，在解决行业小、散、弱方面成效明显。

(2) 交易稳定性逐步建立。通过货运车辆定位显示，运力主要集中于陕西省、山西省、河北省、河南省、内蒙古自治区等地区，整合的社会车辆中，与网络货运企业交易1~10次的车辆约为81.32%，10次以上的占18.68%，其中稳定合作的车辆占10.28%。说明大多数道路货运经营业户正在尝试和初步接受网络平台的"互联网+App"运营模式，网络货运企业对运力的"黏合度"逐步提高，构建与社会运力的稳定合作关系，提升双方履约能力及服务水平。

(3) 货物类型及流向分析。依据监测数据，陕西省网络货运的货物类型范围较广，以大宗货物、快速消费品、冷藏货物和商品汽车为主，涵盖快递、钢材、水泥、机械设备、建材、化工原料和煤炭、矿石等能源原材料。运输方式以干线普货运输、集装箱运输、城市配送为主。其中进陕货物以金属矿石、煤炭及制品、非金属矿石、矿建材料、钢铁、水泥等为主，进陕线路以山西省忻州市、内蒙古自治区鄂尔多斯市、内蒙古自治区乌海市、山西省临汾市、甘肃省白银市为主；出陕货物以煤炭及制品、盐、矿建材料、水泥、机械设备及电器、钢铁等为主，出陕线路以山西省忻州市、河北省石家庄市、山西省吕梁市、湖北省鄂州市为主。

(4) 合规性指标分析。陕西省网络货运企业2020年度的技术合规性指标显示：单据上传率为53.49%，单据接入正常率为96.52%，运单数据重复率为0.02%。企业上传单据数量有待加强。经营合规性指标：超载监管正常率为76.86%，超范围经营率为0，运单与资金流水单匹配率为94.23%，资金流水单正常率为74.22%。说明陕西省暂不存在超经营范围运输，但超限超载治理和资金流水需要进一步综合分析与加强。

网络货运是"互联网+"货物运输的一种新的运输模式，发展网络货运势在必行，陕西省道路运输中心将充分认识网络货运对推进行业转型升级高质量发展的重要意义，规范网络平台道路货物运输经营，鼓励和支持网络货运企业做大做强，进一步做好网络货运相关工作，推动实现道路货运行业高质量发展。

二、甘肃省网络货运平台发展状况

近年来，甘肃省各级交通运输主管部门坚持包容审慎、鼓励发展的原则，将推动"互联网+"新业态发展作为推动物流业降本增效、运输结构调整及关爱驾驶员的重要举措，大力推进网络货运发展，运输企业也积极响应，不断拓展市场。截至 2021 年 5 月底，甘肃省已有 40 家网络货运企业取得了经营资质，6 家网络货运分公司办理了备案手续；网络货运企业已整合社会车辆超 1 万辆，完成运单 2.36 万单，完成货运量 152.5 万吨，为甘肃省大宗物资、能源等生产资料流通提供了运输保障。

为了更好地服务企业网络货运平台搭建，甘肃省道路运输局积极转变职能，不断完善省级平台功能，加强网络货运企业运行监管，保障网络货运市场有序运行。一是加强政策宣传贯彻，营造良好发展氛围。通过 QQ 群、微信群、微博等多种渠道，广泛宣传网络货运平台相关的各项制度、政策，以及兄弟省份的好做法、好经验。组织货运企业参加西部网络货运大讲堂，听取专家讲解，解答企业疑惑。同时，大力宣传金昌建成的西部首家网络货运数字产业园相关情况及经验做法，吸引省内外传统物流企业入驻金昌网络货运产业园，进一步做大做强甘肃省网络货运企业数量和质量。二是加快省级网络货运平台建设，确保各项数据及时上传。通过公开招标形式，按照交通运输部网络货运平台建设指南要求，在两个月内完成省级网络货运信息监测系统建设并投入运行，具备新申请企业数据接入、信息监测、统计分析及向交通运输部系统上报数据等功能，进一步缩短车辆找货时间，降低车辆空驶率，提高货运企业经济效益。三是为企业提供优质服务。针对货运企业申请网络货运平台业务，对外公布咨询电话号码,确定专人通过电话或复函形式为咨询者答疑解惑。及时与发证单位协调沟通,帮助企业解决证照办理过程中遇到的难题。四是做好数据监测,规范企业经营行为。严格落实安全管理责任,加强对企业接入数据的监测分析比对,督促网络货运企业及时准确上传业务单据,并第一时间通报和限期整改网络货运企业资质异常、轨迹异常、超限超载运输等问题,维护网络货运市场运行秩序。

三、宁夏回族自治区网络货运平台发展状况

宁夏回族自治区交通运输厅立足发展新格局,大力发展"互联网+货运"模式,充分运用互联网互联互通的特点,推动货运行业实现"零而不乱、散而有序"的集约化、规模化经营。

自 2020 年 6 月起,宁夏回族自治区在开展网络平台道路货物运输经营许可以来,共 15 家企业提交了"网络货运"道路运输经营许可申请。截至 2020 年 12 月底,已有 10 家企业符合《中华人民共和国道路运输条例》《道路货物运输及站场管理规定》的相关规定,且通过线上服务认定。宁夏回族自治区交通运输厅将建设网络货运信息监测系统,实现与网络平台货物运输经营平台的有效对接,定期将监测信息上传至交通运输部网络平台货物运输经营信息交互系统,并传递给同级税务部门。与传统货运模式相比,货运平台引入的"互联网+货运"模式将线下客户和司机的需求进行匹配,有效提高了城市货运配送能力。

四、内蒙古自治区网络货运平台发展状况

2021 年 5 月,按照《交通运输部办公厅关于进一步做好网络平台道路货物运输信息化监测工作的通知》(交办运函〔2020〕1520 号)要求,内蒙古自治区交通运输厅通报了 2021 年第一季度全区网络货运企业经营运行监测情况。此次通报的发布,是自 2020 年 1 月开展网络货运以来,内蒙古自治区首次对

网络货运企业经营运行监测情况进行整体通报,不仅为行业政策的制定出台提供了数据支撑,而且为引导和规范网络货运新业态健康发展奠定了基础。

总体运行方面,内蒙古自治区全区网络货运业务类型以干线普货运输为主,运输货物类型主要为煤炭及制品、矿建材料、非金属矿石、水泥和钢铁,运输线路主要辐射山西省、陕西省、天津市、宁夏回族自治区、河北省等地;运力整合方面,受疫情、车辆合规率等因素影响,累计整合社会货运车辆986辆;在业务黏性方面,车辆与企业交易1~10次的车辆约为92.84%,10次以上的占7.15%,整体业务黏性偏低。

内蒙古自治区交通运输厅监测数据显示,全区网络货运单据上传率为24.00%,单据接入正常率为99.72%,超载监管正常率为14.27%,超范围经营率为0,运单与资金流水单匹配率为68.06%,资金流水单正常率为75.00%,完成运单量76 360单,完成货运量256.998万吨,货运额达19 238.64万元。2021年第一季度,内蒙古自治区全区综合排名前5的网络货运企业以乌兰察布市的企业居多。

思 考 题

1. 判断我国网络货运平台的总体发展趋势。

2. 对一个省份的政府管理部门而言,如何促进区域内网络货运平台企业的健康发展?

第八章 网络货运平台对行业的价值

【教学目标】

- 理解多视角下网络货运平台对行业的价值点。
- 了解网络货运平台对政府部门的价值。

随着网络货运相关政策的逐步完善，网络货运平台开始步入健康、有序的全新发展阶段。越来越多的传统物流企业紧跟时代步伐，申请网络货运资质，希望通过网络货运平台实现转型升级。本章将从不同角度论述网络货运平台对行业的价值。

第一节　司　机　视　角

一、提高业务收入

《2020 年交通运输行业发展统计公报》显示，2020 年末我国拥有公路营运汽车 1 171.54 万辆，其中载货汽车 1 110.28 万辆，包括普通货车 414.14 万辆，专用货车 50.67 万辆，牵引车 310.84 万辆，挂车 334.63 万辆。2020 年我国货运总量为 463 亿吨，其中 73.9%都由货车完成，即公路货运量总计为 342.6 亿吨。

中国物流与采购联合会发布的《2021 年货车司机从业状况调查报告》显示，我国 61.1%的货车司机年均收入在 9.6 万～18 万元，62.9%的货车司机对目前的收入情况不满意。被调查货车司机中，72.7%的司机没有固定的运输线路，为零散运输从业者，其中月均行驶里程低于 10 000 千米的占 58.6%，车辆利用率明显不足，仅有 52.4%的货车司机在货运互联网平台上寻找货源。

货物运输时，大部分货车是长途运输，距离较远，车辆通行费、燃油费等比较高昂，再加上配货时间长，从而使货车的营运成本较高，大大影响了货车司机的收入。网络货运平台模式下，货主可以在平台上快速地发布货物信息，平台承运货主的货物后，利用互联网技术整合车货信息，进行优化匹配，选择路线熟悉、价格适宜的司机安排运输。货车司机的平均等货时间从 2～3 天缩短至几小时，等货效率最高可以提升将近 90%，进而提高了车辆的周转率，使货车司机在同等时间下，可以增加运送货物的次数，从而显著增加业务收入。

除此之外，司机们可通过网络货运平台获得团购加油、团购保险、金融贷款等众多增值服务，节省运输成本，达到提高业务收入的目的。

二、从业经营有保障

传统货运中，货车司机总会担心货物送达但运费被货主拖欠。网络货运平台能有效解决这个问题。司机接受网络货运平台的订单进行货物运输，当货物运输完成时，平台将实时完成运费的支付。为了满足司机用户多元需求、提升用户黏性，促进核心车货匹配业务运作，网络货运平台承接货主货物、交由货车司机完成订单的过程中，也可以为该运输业务的实际承运司机提供一定比例的订单运费垫付资金，以满足司机对于资金的前置需求。

另外，司机在网络货运平台上注册后，信用体系将逐步通过运输货物的评价不断积累，用车环境逐步变好，货主和司机的行为都能通过网络货运平台得到约束，市场环境将变得越来越透明化、合规化。平台的注册司机只需要不断地打磨自己的专业能力、钻研更好的驾驶习惯、提供优质的运输服务，平台将会优先选择与这些司机达成运输交易。

第二节 货 主 视 角

一、多维度降低运营成本

根据劳动经济学中的搜寻理论，如果货主不了解车源方的报价，其搜寻信息的成本会很高，再加上透明度低、信息不对称等原因，车源方更倾向于高报价。网络货运平台作为新业态，平台以承运人的角色出现，提供合理的价格从货主手中揽收货物、承接运输业务。打破传统的地域、关系网等限制，将运输车队、个体运输户集聚于平台公平竞争，大数据的采集、算法的优化保障了交易处理的高效率，可以以最低成本做到为平台精准匹配运力。拥有较强专业服务水平的优质网络货运平台，由于拥有丰富的运力资源，能够有效降低运营成本。货主将物流业务交付给网络货运平台，进行规范化的管理，也可以减少运输成本。

二、净化交易环境

网络货运平台可以帮助货主解决物流信息不对称问题，简化交易链条。入驻平台的车主认证申请经过严格审核，按照实名制采集真实信息，对于缺少相关资质的车辆限制进入平台，从而净化交易环境。

三、保障货物安全

网络货运平台通过安装监控系统，保障货物运输安全。平台承揽货主的货物后，可以优先选择装有主动安全系统的货车车源，依照图像识别和相关分析技术，实现从货物装车到运达的全过程监控，保证货物的运输安全。通过对司机驾驶行为的分析，例如有没有瞌睡、接打电话等，可以将信息传到平台上，实时对司机进行提醒。除了普通的车辆定位，网络货运平台还可以针对重点货物进行实时追踪，通过给货物安装追踪器，使货物运输过程形成一个闭环监控，一旦出现货物和车辆分离，就便于后期追踪。

第三节　平台运营者视角

一、实现信息化管理，构建运力资源池

网络货运平台连接上游货主和下游运力，通过合同管理等数字化手段，加

速平台运营企业实现信息流、合同流、货物轨迹流、资金流、票据流的"五流合一"。依靠云计算、大数据分析系统、卫星定位系统、人工智能服务、物联网、区块链等众多的现代互联网技术，打破了传统企业线下交易、信息互通不畅的困境。将传统的信息单向推送方式升级为双向交互模式，进一步缩短交易链条，不仅帮助客户降低管理成本、人力成本和物流成本，而且通过缩短市场响应时间，提高其市场竞争力。

同时，平台利用积累的数据构建数字底盘，包含运单交易、资金流水、驾驶员信息、车辆基本信息、税务数据、路线信息等数据，使信息化能力大幅提升。网络货运平台通过与交通运输部门、税务局的数据联通接口，有效实现平台上注册用户的信息管理、供应商与司机信息审核与管理、运费在线结算、人脸识别、全流程透明化管理。提供车辆实时定位、货运车辆的运输轨迹、实时车辆状况查看、实时在线监督等功能，有效协同物流货运的上下游的交易，提高物流数据传输速度和信息沟通的及时性，从而保障物流服务的高效性，节约成本。

平台运营企业成长为线下货运运输组织能力与线上平台化数据运营能力相结合的复合型企业，可以有效合理优化自己的运力结构，实现运力资源池的高效运营。加快物流业务线上化，去中间化和扁平化，缩短交易流程和环节，为自身找到新的利润增长点。

二、助推企业平台化，数字化转型升级

近年来，行业发展环境变化，产业结构调整加快，受移动互联网等新兴技术加速发展的影响，物流企业转型需求明显。随着物流规模增长放缓，服务价格持续低迷，原有冗长的产业链条和经营模式难以再适应高效物流的市场需求。通过平台化，建立新的产业链以及利益分配机制，成为物流企业转型升级的有效方式。随着物流资源的组织方式向轻资产模式转变，物流资本的投入也

从资产性投入转向技术性投入，由于资产减少，责任加大，提高透明管控和分工协作的能力成为企业努力的方向，而网络货运平台正是实现该方向的重要载体和技术手段。

物流企业可以利用网络货运平台积累的数据构建数字底盘，包含运单交易、资金流水、驾驶员信息、车辆基本信息、税务数据、路线信息等数据。网络货运平台从静态化的数字存储、到动态化的数据分析与决策，通过不断进行数据升级与运用，转变为数据资产，打通企业之间的运营业务信息，搭建完整的供应链数据库，提升行业协作效率。

三、以增值业务增加客户黏性

网络货运平台上的所有业务流水都是真实存在的，货主、运力企业在向银行申请贷款时，平台可以通过大数据向银行提供企业实际业务证明，帮助企业建立信贷能力，为企业贷款做担保。

平台合理定制运价，全流程注入科技和数字化力量。货主通过线上形式发布订单，实时查看车辆位置和货物运输状态；司机通过平台派单，节省与货主双方的时间资源和沟通成本，降低空驶率。专注于用户场景、痛点、需求打造服务体系，实现货车调度、在途运输、收货确认、费用结算、单据管理等全流程闭环。通过网络货运平台，货主使用单据管理模块，优化自身仓储、财务管理；司机提升车辆使用率，减少返程空载率。

平台也可以为运力用户提供更多的增值服务，例如低成本高品质维修、加油服务以及 VIP 保险合同服务、专业免费的车辆年审服务、在线回程车服务等。纳入网络货运平台的车辆，视同企业自有车辆管理，可通过集采模式，将燃油、轮胎、维修、广告、整车销售、保险等纳入平台内的商业化运行机制，在降低单车运行成本的同时，实现后市场业务规模效益的扩张。

第四节 政府视角

一、创新运营监管模式

我国公路货运市场中 90%以上都是个体运输业户，这是一个主体众多、经营分散、市场行为不规范、风险管控极难的服务行业，安全监管难度大，违法违规、超限超载、不诚信经营的问题较为突出。网络货运平台不仅实现了对中小微运输业户的部分业务进行整合，同时，为保障运输安全和服务质量，通过运力资格审查、派单审核、支付约束、统一服务标准、在线诚信考核等手段，加强对平台上中小企业和个体运输户经营行为的有效监管。

综合运用市场化、网络化、平台化等手段，约束市场经营主体行为，净化货运物流市场经营环境，大幅降低了运输过程中车、货、人的安全风险，对促进行业规范发展具有积极作用。省级交通运输主管部门建立网络货运信息监测系统，实现与网络货运经营者信息平台的有效对接，定期将监测数据上传至交通运输部网络货运信息交互系统，并与同级税务等部门建立信息共享机制，有助于实现网上网下一体化监管，推进跨部门数据共享，实现数据互认，逐步从部门"单打独斗"转变为"协同监管""智慧监管"，建立公开透明和协同治理的跨部门监管，创新行业监管方式。

随着网络货运管理办法的落地及实施，全国范围内的网络货运平台上将会积累海量的、真实的运行数据。有了这些真实数据，再通过现代的大数据分析技术等进行数据挖掘，政府将能够制定出更多助力行业健康发展的支持政策，能够更好地对行业进行监管。

二、优化运输组织结构

目前我国的运力资源比较分散,将网络货运平台培育成规模化的货运组织方,把众多小、散的个体运输户,利用合同约束、诚信考核等相关制度的落实进行整合,实现对分散化的运输生产方(主要是个体运输户),以及相关运输资源的集约组织,提高运输效率和质量,实现信息资源交换和共享,交互性强,产生增值,实现公路运输供应侧改革。

三、加速标准化物流建设

网络货运平台整合多方资源开展运营活动。业务功能方面,提供各类车源及货源信息,包含车型、货源类型和线路信息的详细内容,同时可获取周边货源信息,掌握车辆位置和联系方式。在线支付功能方面,支持使用网银、支付宝以及银行的担保支付交易平台来支付信息费、运费和货款等,方便客户线上支付,降低平台货方和司机的支付风险。货物在途管理方面,在车货匹配平台上交接的货物,货源方可以依托 GPS/北斗系统随时跟踪货物运输情况,掌握货物在途信息;车源方可随时登录定位平台,掌控车辆运行及位置信息。交易评价功能方面,大部分交易界面设置了平台与货主、运力企业的信用互评功能,通过保存交易评价记录,实现司机服务的透明化和公开化,从而给平台后续订单的决策与执行提供交易参考。

在这个庞大、复杂的系统中,如果信息收集、结款方式、服务流程、运输价格、支付方式等任意一个环节存在不统一,加之装车卸车等环节的不规范化,必然会使货运平台的效果大打折扣,影响各方参与主体的体验效果。真正成功的平台化转型必定离不开标准化建设。网络货运平台应针对流程标准化、客户标准化、运力标准化、场景标准化等内容进行一系列细分,生成适合自身发展的标准化体系,同时配套建立风控体系,将技术流、业务流与风控流程进行高度融合。

以信息传递的标准化为例，首先平台利用互联网技术和大数据对信息数据实行采集、分类、有序归类，使平台能够承运货物后，快速匹配运力资源，集成、提升匹配效率；规范货物车型、车重、车长等基本运力，推进装车卸车环节的规范化；其次是根据各地区不同时段，通过预测去程返程配货概率，制定依据实时供求关系的价格形成机制，明细公开，实现运输价格的标准化；最后是实现支付方式和结款方式的标准化与智能化，采用智能化的交易模式，货主用户和运力用户只要注册平台便可享受便利的支付和结款，同时利用信息技术对交易过程全程监督，实现透明化。

四、有助于打造货运信用体系

平台经济的快速发展正推动我国物流行业步入数字经济的新时代。网络货运业态的出现使物流组织链条缩短，以平台交易数据为核心的多层次信用体系正逐步建立，最终，企业对建立信用档案、共享信用数据、创新信用服务的诉求得以满足。

通过提升网络货运平台的数字化能力，将平台升级成为数字化枢纽，把信息流、商流、物流、资金流以及票据流数字化，数字化后的业务数据经过统计、分析、验证就能转变为有价值的资产，网络货运平台将成为整个物流产业链的枢纽，被赋予新的生命力。

通过对在平台上进行交易的企业或个体进行信用评价，逐步建立会员信用档案，对严重违法失信的主体采取信用惩戒措施，对服务质量高、信用好的承运主体给予一定的服务优惠及表彰，引导企业加强自律，规范经营，诚信服务。完善物流行业信用体系建设之后，可以扩大标准适用范围，向产业链上游延伸，逐步建立针对货主企业、第三方物流企业等主体的信用评价标准或服务标准，覆盖物流产业链各相关主体，归集市场信用信息，力争消除传统物流行业的灰色地带，建立诚信、有序的市场环境。

网络货运平台在加强审核机制建设的同时，针对司机、货主研发信用积分，利用大数据技术构建"司机信用模型"和"货主信用模型"，为整个行业赋能。

运单全程数字化管理是网络货运平台要做的工作，未来这些数据模型将组成贯穿供应链的"信用堡垒"，平台所沉淀的海量数据与成熟的技术产品能够为每个用户进行更加精准细致的信用画像。数据留痕能对客户的整个物流画像和运单执行效率做分析，能够优化内部管理流程，给客户提供更好的服务。

五、顺应绿色发展趋势

随着物流行业的快速发展，各个环节资源浪费、环境污染问题也日益突出。比如，不合理的运输安排会增加道路需求，同时产生大量能耗和废气污染；保管不当会造成货品损坏浪费，也会对周边环境造成污染等。

网络货运平台的核心价值在于，利用互联网技术，整合全国范围内的车源和货源，实现交通运输资源的优化配置，大大降低货车的空载率，减少二氧化碳的排放。打破原有限制，形成覆盖全国的货源、运力资源池，提高组织优化、集约化程度以及物流效率，大力推动上下游供应链整体效率的提升与成本降低，从而起到节能减排的作用。

思 考 题

1. 简述网络货运平台对个体司机的价值。
2. 简述网络货运平台对货主的价值。
3. 简述网络货运平台对政府行业监管的价值。

第九章 网络货运平台周边生态圈

【教学目标】

- 了解网络货运平台周边生态圈包含的内容。
- 掌握网络货运平台周边生态圈的发展前景。

随着网络货运平台的发展，周边出现了为之提供服务的众多企业，构成了一个完整的生态圈。本章主要围绕网络货运平台周边生态圈，分别介绍供应链金融、保险、支付结算、油品服务、ETC、电子签约、汽车后市场等方面的内容。

第一节 供应链金融

一、供应链金融简介

供应链金融是商业银行通过借助与中小企业有产业合作关系的供应链上核心企业的信用，或以二者之间的真实交易为背景，同时依靠第三方物流企业等的参与来共同分担贷款风险的一种新型融资模式。这种融资方式改变了过去针对单一企业主体的信用风险评估，实现了以单笔交易项目为中心的整个供应链信用风险评估。

供应链金融将供应链上的核心企业以及与其相关的上下游企业看作一个整体，保障核心企业及链条上下游企业正常生产经营活动资金高效配置，提供供应链不同环节和节点封闭的授信支持、结算及理财等综合金融服务。供应链金融业务主要包括预付账款融资、存货融资和应收账款融资、订单融资等多种业务模式。

一般来说，一个特定商品的供应链从原材料采购，到制成中间产品及最终产品，最后由销售网络把产品送到消费者手中，将供应商、制造商、分销商、零售商，直到最终用户连成一个整体。在这个供应链中，竞争力较强、规模较大的核心企业因其强势地位，往往在交货、价格、账期等贸易条件方面对上下游配套企业要求苛刻，从而给这些企业造成了巨大的压力。而上下游配套企业恰恰大多数是中小企业，难以从银行融资，结果最后造成资金链十分紧张，整个供应链出现失衡。而供应链金融可以解决供应链中资金不平衡、资产沉淀以及中小企业融资难的问题。

供应链金融最大的特点就是在供应链中寻找出一个大的核心企业,以核心企业为出发点,为供应链提供金融支持。一方面,将资金有效注入处于相对弱势的上下游配套中小企业,解决中小企业融资难和供应链失衡的问题;另一方面,将银行信用融入上下游企业的购销行为,增强其商业信用,促进中小企业与核心企业建立长期战略协同关系,提升供应链的竞争能力。在供应链金融的融资模式下,处在供应链上的企业一旦获得银行的支持,资金注入配套企业,也就等于进入了供应链,从而可以激活整个"链条"的运转。

二、物流行业的供应链金融

(一)现状分析

我国物流企业的贷款融资需求每年 3 万亿元以上,目前被传统金融机构满足的需求不足 10%。仅物流运费垫资一项,每年约有 6 000 亿元的融资需求,但这部分需求只有不到 5%是通过银行贷款的方式得到的。物流行业由于供需关系变化,货主与物流公司之间的运费结算周期越来越长,现实情况中半年才能结算运费的业务比比皆是。为了维持业务的正常运营,物流公司必须承担垫资的压力。物流企业在货源充足且正常运营的情况下,每笔业务要垫资数千元,再加上日常运营开支、驾驶员工资、油费、事故处理等,物流公司需要大量的周转资金。

在互联网时代,如何在传统物流业务中植入金融业务,解决供应链上中小企业的资金需求问题,同时为物流企业创造新的价值增长点,成为当前物流企业关注的方向。供应链金融对于核心企业、中小企业以及物流企业都有着显著的益处。

(二)供应链金融对于物流企业发展的作用

1. 降低融资风险

通过发展供应链金融业务,物流企业能够第一时间快速准确地得到供应链内的核心信息,例如链条内部的商业交易和资金流等核心信息。此外,还可以挖掘大量的交易数据,以真实数据为依据,采用大数据、云计算等手段来评估风险,实现对风险的控制。

供应链金融服务打破了不动产的束缚,中小企业以动产质押融资,由第三方物流企业参与并实施监管,供应链上各参与者风险共担、利益共享。供应链金融服务要求整体利益的最佳分配,各参与方的收益与承担的风险相匹配,真正实现"多赢"的分配格局。

2. 节约交易成本

中小企业融资贵、融资难的原因之一是信贷成本往往高于利差收益,其中最重要的成本包括信息成本和监管成本。核心企业在参与供应链金融业务的过程中,可通过便捷的实地监管以及对物流活动的控制极大地削弱信息不对称性,并有效降低信息成本和监督成本,从而使中小物流企业融资的收益成本明显改善。

3. 加速资金周转

企业效益的高低由现金循环周期这项关键指标决定,而存货周转期、应收账款周转期和应付账款周转期这 3 个变量又决定现金循环周期的长短,周期越长,资金占用就越多。

中小物流企业在生产经营过程中,因为受经营周期的影响,预付账款、存货、应收账款等流动资产占用了大量的资金。而在供应链金融模式中,中小物流企业可以通过货权质押、应收账款转让等方式从银行取得融资,把企业资产盘活,将有限的资金用于业务扩张,提高了资金利用效率。

4. 开辟增值业务

物流企业是供应链金融的主要协调者,一方面为中小企业提供物流和仓储服务,另一方面为银行等金融机构提供货押监管服务,搭建银企之间合作的桥梁。供应链金融为参与其中的物流企业开辟了新的增值业务,为物流企业业务的规范与扩大带来更多的机遇。

(三)物流企业开展供应链金融的方式

1. 采购原材料质押融资

采购原材料质押融资是指物流企业以采购订单为依托,将采购原材料的提货权作为担保基础,是一种针对未来存货的融资。采购原材料质押融资主要有以下两种模式。

(1) 保兑仓模式,即银行授信资金定向支付给厂家,厂家负责将商品交到银行指定的仓储方,经销商需要以存入保证金或还贷来要求银行向仓储方发出放货通知,若在指定期限内存货有剩余,则由厂家回购或置换。其实质是厂商银储四方合作,共同签署合作协议,仓储方提供信用担保,卖方承诺回购,银行为融资物流企业开出银行承兑汇票。

(2) 先票(款)后货模式,是指融资物流企业在采购原材料等商品时,以预交保证金的形式获得银行的短期信贷资金,供应商根据银行指令发货。

2. 存货类质押融资

存货类质押融资是指融资物流企业以库存货物作为担保,向银行等金融机构申请贷款,银行等金融机构与第三方物流企业合作,由物流企业代替行使存货的入库、在库和出库监管职责。这是融通仓的主要表现形式,即把融、通、仓三者进行集成、统一管理和综合协调,大大优化了融资结构,有效分解了信贷风险,拓宽了融资渠道,实现了供应链金融各方"多赢"的局面。存货类质押融资主要有以下3种模式。

(1) 动产质押模式,又称货押,是指融资物流企业将动产(包括商品、原材料、半成品等)存放在银行指定或认可的仓库作为质押物,向银行申请贷款、开立银行承兑汇票或保函等业务的融资方式。分为静态质押和动态质押两种形式。

(2) 仓单质押担保模式,是指融资企业将货物存放在银行认可的物流企业的仓库,由物流企业出具仓单作为融资企业的货权凭证,融资企业以物流企业开出的仓单作为担保,向银行申请贷款。

(3) 统一授信模式,即银行把贷款额度直接授权给物流企业,再由物流企业根据融资企业的需求和条件进行质押贷款,银行不参与后续的具体质押业务。这实际上属于存货质押业务的衍生模式。

3. 销售票据类质押融资

销售票据类质押融资是指融资物流企业以贸易过程中的应收账款、订单等为核心的票据类作为质押,银行为其提供授信业务。销售票据类质押融资适用于融资企业与下游核心企业之间采用赊销方式作为贸易结算手段,需提前变现现金流,以缓解资金压力的上游制造商以及分销商。这种方式对银行而言,扩大了银行等金融机构的业务范围,深化了与供应链各方的合作关系,提高了综合收益;对融资物流企业而言,获得了资金支持的同时,减少了因为应收账款而计提的坏账概率,改善了企业的经营状况;对买方(核心企业)而言,进一步采用赊销方式减少了资金占压,扩大了购买力,获得更优惠的价格条件和账期,凭借自身良好的信誉和财务表现而获得银行的信用额度,提高了整个供应链的效率与竞争力。销售票据类质押融资主要有以下5种模式。

(1) 订单质押模式,是指卖方将其现在或将来与买方订立的贸易货物销售/服务合同(订单)质押给银行,银行以融资企业及其下游企业的信用为基础,为其提供授信的业务。为了降低贷款风险,银行可以指定物流企业参与订单交货监管,并要求下游企业提供担保。

(2) 应收账款质押模式,是指融资企业以分销阶段因为赊销形成的应收账款债项为依据,融资企业以应收账款票据作为担保,并以应收账款的回款作为还款来源的一种融资方式。

(3) 应收账款池融资,是指在卖方对(多个)特定买方的贸易关系稳定、应收账款持续保持在一定余额之上,卖方将日常分散的应收账款汇聚起来,形成应收账款余额"池"并转让给银行,银行审核后按一定比例提供融资的业务模式。这实际上是应收账款融资的一种特殊形式。其主要风险控制点是应收账款的真实性、转让性、特定性及时效性,买卖双方对购销合同的执行能力等。

(4) 保理融资模式,是指卖方申请由保理银行购买其与买方因为商品赊销产生的应收账款，卖方对买方到期付款承担连带保证责任，在保理银行要求下还应承担回购该应收账款的责任。简单地说就是指融资物流企业通过将其合法拥有的应收账款转让给银行，从而获得融资的行为。由于这个领域缺乏足够的监管，因此其主要风险控制点在于承购方的质量、可靠性和信誉等。

(5) 出口信保押汇融资模式，是指融资物流企业在取得出口信用保险公司核定的信用限额，并办理货物的出运、申报和缴纳保费后，根据出口信用保险公司确认的有效信用额度和赔款转让条件，银行可以给予其一定金额的出口押汇融资。在无法提供抵押物的情况下，信保押汇是出口型中小物流企业首选的授信产品。对于物流企业而言，信保公司可以锁定买方的商业风险以及所在地的政治风险，而银行能够提前融资，锁定汇率风险。

三、网络货运平台中的供应链金融

(一)现状分析

目前，大部分网络货运平台还没有实现很好的盈利，没有解决物流公司"货主要欠钱，司机要现金"的问题。如果网络货运平台能解决运费账期问题，在自身承运或者是与合同物流企业合作过程中，无疑是强有力的保障。所以，金融手段对网络货运平台来说也至关重要。网络货运平台在实现全面数字化并且在此基础上建立信用评价体系之后，可进一步拓展供应链金融服务。平台创新供应链金融服务能力是解决长期以来物流行业贷款难、贷款贵的有效途径。

(二)供应链金融对网络货运平台的效应

信用穿透有利于降低资金成本，运用网络货运平台可以实现对信用的穿透。金融是附加在交易领域上的，物流成本从哪里降？物流效率如何提升？有了网络货运以后，可以利用线上手段来获取交易数据，形成自己的风控模型。从金融机构角度讲，要考虑到自身运营的前中后端各个环节的成本，才能给企业提供更低的价格。在电子化充分的情况下，运营、风控建模、效率都会得到提升，进行操作的成本就会下降。传统企业往往依靠自身的信用进行融资，用自身的信用去博弈这个市场，往往难以拿到低成本的资金。而运营网络货运平台的企业往往规模比较大，可以作为供应链上的核心企业，带动供应链金融业务的开展。

第二节 保　　险

一、保险的含义

根据《中华人民共和国保险法》的规定，保险是指投保人根据合同约定，向保险人支付保险费，保险人对于合同约定的可能发生的事故因其发生所造成的财产损失承担赔偿保险金责任，或者当被保险人死亡、伤残、疾病或者达到合同规定的年龄、期限等条件时承担给付保险金责任的商业保险行为。保险可以从以下两个不同的方面来解释。

(一)保险的法律定义

从法律的意义上解释，保险是一种合同行为，体现的是一种民事法律关系。保险关系是通过保险双方当事人以签订保险合同的方式建立起来的一种民事法律关系。民事法律关系的内容体现为平等主体之间的权利和义务关系，而保险合同正是投保人与保险人约定保险权利和义务关系的协议。根据保险合同的约定，投保人有缴纳保险费的义务，保险人有收取保险费的权利，被保险人有在合同约定事故发生时获得经济补偿或给付的权利。保险人有提供合同约定的经济补偿或给付的义务。这种保险主体间的权利义务关系正是保险这种民事法律关系的体现。

(二)保险的经济学定义

从经济学的角度来看,保险是一种经济关系,是分摊意外损害的一种融资方式。保险体现了保险双方当事人之间的一种经济关系,在保险关系中,投保人把损害风险以交付保险费的方式转移给保险人,由于保险人集中了大量同质的风险因而能借助大数法则来预测损害发生的概率,并据此制定保险费率,通过向大量投保人收取的保险费形成保险基金来补偿其中少数被保险人的意外损害。因此,保险既是一种经济关系,又是有效的融资方式,它使少数不幸的被保险人遭受的损害,以保险人为中介,在全体被保险人中得以分摊。

二、物流行业的保险

对于中国保险市场来说,物流保险是一种新兴险种。随着现代物流理论和实践的不断发展,物流行业保险市场规模越来越大。

(一)物流保险

物流是物品从供应地向接收地的实体流动过程,根据实际需要,将运输、储存、装卸、包装、流通加工、配送、信息处理等基本功能有机地结合。物流保险本身就是一个综合性极强的概念。从宏观上来讲,物流保险就是一切与物流活动相关联的保险,把这一概念与物流概念相结合,剖析可得出物流保险的真实概念:物流保险是物品从供应地向接收地的实体流动过程中对财产、货物运输、机器损坏、车辆及其他运输工具安全、人身安全保证及雇员忠诚保证等一系列与物流活动发生关联的保险内容,其中还包括可预见的和不可预见的自然灾害。

物流业在经营过程中会面临各种各样的风险,主要来源于以下两方面:一方面是物流企业在采取海、陆、空等方式进行运输时的运动状态下,其风险主要来自自然灾害等不可抗力、交通事故、偷窃抢劫,以及装卸搬运不当等意外事故;另一方面是物流企业在进行存储、加工时的静止状态下,其风险主要来自自然灾害等不可抗力，例如火灾、爆炸等意外事故。

(二)行业现状

1. 物流保险潜力巨大

与物流直接相关的保险市场规模较大，针对全国数百万家物流企业的产险，及数千万从业人员的寿险、健康险等，潜在规模千亿元。由于保险公司和物流企业之间长期存在的对接障碍，市场需求远未被满足。

2. 保险公司进入物流保险难度较大

物流保险的风险高于传统保险，保险公司依赖的传统中介助涨了风险。静态的风控措施难以应对多变的物流保险场景，不同区域、不同企业、不同时间、不同业务的风险千差万别，由于通过互联网导流或传统渠道疯狂刷单导致众多物流保险渠道被保险公司终止合作，因此保险公司需要懂物流、懂物流企业和物流人的专业保险运营商共同经营物流保险。同时保险公司与线上线下渠道对接难，都使物流保险的运营具有一定难度。

三、网络货运平台的保险

网络货运的发展极大地规范了运输市场，利用互联网平台进行车辆与货物的精准匹配，价格公开透明，实行线上签约极大改善了以往物流市场信息闭塞的情况。网络货运平台为防控运输过程中可能出现的风险，保障司机与货主的利益，可以建立多种约束机制和货物运输保险机制，平台为每一笔非指定运单购买货物运输保险，保障货物的运输安全。若货物在运输过程中出现货损货差，平台与司机将第一时间与保险公司联系，由保险公司受理该运单的赔偿事宜；反之在货物运输过程中，因为司机的过错而导致货物丢失或者是遭到损害时，货主有权追究司机的责任，但如果属于合同约定的免责事由范围内且提供足够证据证明存在免责事由可以不承担责任。为了降低传统物流中司机的风险，网络货运平台利用平台资源，保险公司会提供优质货运险业务，例如先行赔付、风险预警等。

【案例 9-1】保险金融类企业——安途保(北京)信息技术有限公司

安途保(北京)信息技术有限公司成立于 2015 年 12 月，凭借对物流保险、电子支付、消费场景的理解，形成集保险产品、数据平台、电子支付于一体的业务体系，为客户提供保险金融服务。该公司推出了米粒旺旺物流保险服务平台。

该公司针对物流市场不同的客户需求，通过与多家保险公司合作，从客户使用习惯、保障内容、权益属性、业务模型等多种特点设计研发保险产品，为物流公司及相关企业提供完整的保险解决方案。另外，该公司还与保险公司系统对接，可及时查询保险公司提供的有效的电子保单。

安途保(北京)信息技术有限公司搭建了保险+运营+金融模式，其业务主要分为三类：①保险服务，该公司提供全程透明的可信保险服务，提高保险公司客户价值与黏性。②金融服务，该公司主要从保险分期、运费保理、融资租赁、企业融资等方面接入资金流，创造保理收入，组织和调剂物流领域中货币资金的流动。与此同时，与多个物流公司达成合作形成第三方合作平台，实现资源转化，流量变现。③理赔服务，对客户出险进行理赔，还为客户提供增值税发票，为企业降低赋税压力，响应国家营改增政策。

1. 保险服务

该公司推出了多款投保方案，具体产品、适用企业以及保险货物类型见表 9-1。

表 9-1 保险服务具体产品介绍

产品分类	子产品	适用公司/人群	保险货物/人群类型
货物保险	单票保险	各大物流平台、物流管理系统及车货匹配信息平台	普通货物、易碎品
	零担保	三方物流	
	物流责任险	自有车辆公司,可有效管理车辆运输	
	冷藏运输保险	冷链三方、专线、平台型物流公司	冷链运输

续表

产品分类	子产品	适用公司/人群	保险货物/人群类型
人员保险	雇主责任险	多行业同时投保	具备独立法人的公司或集体
	人身意外伤害险	司机、搬运工、其他人员	个人
车辆保险	车险	小货车、私家车、大货车	车辆
仓储保险	仓储险	各大物流园区、物流专线、三方及仓储中心	货物

2. 金融服务

该公司与多家物流公司达成合作，形成第三方合作平台，通过合作实现了资源转化。该公司还在苏州市、泉州市、广州市、无锡市、常州市、重庆市等地区拥有城市合伙人，便于企业进行区域督导、渠道赋能，实现管理控制。

3. 理赔服务

该公司在理赔服务中衍生出发票服务，凡是在米粒旺旺 App 上购买的保险产品，该公司都可以为客户提供增值税发票，解决了个体司机无法开具可以进行进项抵扣的增值税专用发票问题，减少企业税负。

【案例 9-2】保险金融类企业——中捷保险经纪股份有限公司

中捷保险经纪股份有限公司成立于 2009 年 6 月，是一家经中国银行保险监督管理委员会批准成立的全国性保险经纪公司。

面对高速发展的现代物流行业以及物流业务环节逐渐烦琐、风险多样，但物流保险仍平平淡淡、保险公司监控能力不足、现有业务模式有待优化等问题，中捷保险经纪股份有限公司整合多家寿险公司产品，成立第三方保险经纪机构。第三方是指合同双方两个主体之外的、相对独立的、具有一定公正性的第三方主体，主要通过专业技术为买卖双方避免纠纷和欺诈提供服务。具体物流相关险种见表 9-2。

表 9-2　物流相关险种

产品分类	子产品	保险货物/人群类型
货物类 (优化升级阶段)	仓储保险	普通货物、易碎品、冷链运输
	货物运输保险	
	物流责任险	
车辆类 (成熟产品)	车上人员险	车辆
	车上货物险	个人
	第三者责任超赔险	车辆、个人
人员类 (成熟产品)	团体意外险	个人
	雇主责任险	具备独立法人的公司或集体
	企业年金险	个人养老
其他类 (创新探索阶段)	冷链食品无害化处理保险	普通货物、冷链运输
	进口冷链防疫综合保险	
	货物运输延迟保险	
	公路货运空驶费用损失保险	

第三节　支 付 结 算

一、支付结算的概念

支付结算是指单位、个人在社会经济活动中使用票据、银行卡和汇兑、托收承付、委托收款等结算方式进行货币给付及资金清算的行为。支付结算作为社会经济金融活动的重要组成部分，其主要功能是完成资金从一方当事人向另一方当事人的转移。

二、支付结算的工具

传统的人民币非现金支付工具主要包括"三票一卡"和结算方式。"三票一卡"是指汇票、本票、支票和银行卡。结算方式是指汇兑、托收承付和委托收款。票据和汇兑是我国经济活动中不可或缺的重要支付工具,被广大单位和个人广泛使用,并在大额支付中占据主导地位。银行卡、第三方支付在小额支付中占据主导地位,托收承付使用量越来越少。

近年来,随着互联网技术的发展,网上银行、第三方支付等电子化支付方式得到快速发展。我国已形成了以票据和银行卡为主体、以电子支付为发展方向的非现金支付工具体系。

三、物流行业的支付结算

(一)行业现状分析

1. 物流规模保持增长趋势

根据中国物流与采购联合会发布的数据,2020年全国社会物流总额为300.1万亿元,社会物流总费用(包括运输费、管理费、保管费)达到14.9万亿元。庞大的市场规模,以及物流业总收入保持增长,加上政策支持、智慧物流的发展,也都要求支付这一必不可少的环节提高效率,因此,支付线上化趋势为第三方支付机构的进入提供了良好的契机。

2. 长尾市场大,具有一定的挖掘潜力

我国物流行业市场集中度低,呈现分散竞争的市场格局,2020年我国物流企业50强物流业务收入仅有1.1万亿元。由于银行可为大型物流企业长期提供较为优惠的增值服务,故大型物流企业多使用银行支付服务,而中小型物流企业无论在数据积累、供应链水平等方面均存在一定的劣势。在此情况下,

巨大的"长尾市场"成为第三方支付机构的机会点。因此多数第三方支付机构均发力于中小型物流企业及其上下游商贸企业,以提升供应链的整体效率。

3. 物流企业资金周转压力大,融资贷款需求较大

目前,由于账期、开票等问题,物流企业普遍面临资金周转压力,特别是中小型物流企业。零担类及整车类物流公司的应收账款及应收票据周转天数普遍可以达到 2~4.5 个月,其资金周转压力较大。而快运类企业由于具有较为成熟的线上管理系统、线上支付系统及良好的资金流,信息化程度较高,应收账款及应收票据周转天数可以降至 26 天,远小于零担类及整车类。

大型物流企业通常会与商业银行合作,以纳税额、过往交易流水等作为信用凭证获取银行贷款,缓解资金周转压力。而多数中小微企业由于缺乏抵质押物、资金流水状况差(传统支付结算方式无法积累交易数据)、纳税信息缺乏(部分企业为了避税而采用现金结账等)、小微企业主个人征信情况较差等,银行无法评估企业经营、盈利情况,导致其面临的资金压力无法得到满足,故这部分企业融资需求较为旺盛。

(二)第三方物流支付规模

物流行业的运作方式较为传统,早期多以现金的方式支付结算,随第四方物流对信息流的整合,信息流逐渐线上化,从而催生了支付方式的线上化扭转,因而相比电子商务等其他的产业支付场景,物流产业与第三方支付结合的时间较晚。2016 年及以前物流支付领域内主要参与者是少数几家头部收单机构,主要以线上的无车承运平台收单以及线下的 POS 收单为主。2017 年是第三方支付机构涌入的一年,具有物流产业背景的第三方支付机构及其他头部收单机构纷纷开始进入物流支付领域,切入零担、整车类企业,该年物流支付交易规模爆发,并以较高的速度增长。2018 年企业端第三方支付机构物流支付交易规模达到 2 172.9 亿元。

第三方支付机构提供的物流支付相关服务涵盖物流产业链的众多环节。在从收货方到物流公司这一侧,第三方产业支付机构提供付款、代收、对账等服务；在物流公司到发货方这一侧，提供代付服务；部分第三方支付机构还会与TMS(运输管理系统)软件服务商合作，打通货物流、资金流与信息流，推出集TMS、支付和金融于一体的钱包产品。在物流领域，头部第三方支付提供的产品与解决方案已实现从点到链的覆盖，助力物流产业降本增效。

(三)物流行业的支付方式

1. 现金及个人端第三方支付工具(微信、支付宝)

该方式多在线下小额交易中使用，部分小微企业主使用此方式在一定的程度上可以避税，但由于完全无交易流水、税收信息，所以也不利于其授信。

2. 银行转账/银行二类账户结算

该方式多在大中型物流公司内使用，由于银行可获得一定的资金沉淀收益和后续的供应链金融业务收益，所以会给予物流公司一定的手续费减免。

3. 企业端第三方支付机构支付服务

该方式主要服务于物流长尾市场，目前在物流支付领域的渗透率为1.7%。

(四)物流行业主要的支付解决方案

1. 单一支付服务

部分第三方支付机构针对物流企业/物流信息平台在与发货人/收货人的运费支付、货款支付环节，提供线上、线下收单服务，完成传统支付方式的线上化，并将资金统一归集到总部账户中。另外，运输方涉及物流企业、分网点、平台、司机等各参与者之间的运费结算，支付机构也针对此需求提供专门的线上分账服务。该类型的支付服务较为分散，多数情况下是针对某一企业的需求提供单一服务，满足企业缺少的一部分能力或业务资质，满足企业合规需求，提高物流企业的运营效率，释放财务运营成本，门槛较低。

2. 代收付解决方案

提供物流园区等服务的智慧物流供应链服务公司可直接触达大量的发货收货的商贸企业、制造业企业，针对物流企业代收货款中提到的账期长问题，支付机构可为商贸企业、制造业企业提供垫付服务，先行付款再由支付机构与下游结算，明显缩短账期，同时提高支付费率标准，但也增加了支付机构的资金链断裂的风险。

3. 账户类支付解决方案

账户类支付解决方案主要应用在物流信息平台，网点提交订单并付款，支付机构冻结资金，为运输过程中每个参与者提供账户，并按照参与方数量、参与程度进行订单分配、运费分账等。

一般来说，物流支付服务会打造成 TMS 系统，或作为综合性电子商务解决方案中的一环来提供，完成财务、仓储管理、运力管理、业务信息等线上化。另外，物流信息平台也需要有线上支付能力来完成业务闭环。可以说，物流领域内配合业务流或信息流提供支付服务是基本所需，也是所有第三方支付机构拓展物流支付业务所需要完成的环节。

4. 增值服务

物流通行费、油费等费用的支付服务，吸引了小微物流企业。第三方支付机构的增值服务是保险、活期理财、融资贷款等金融服务，该类服务是所有物流企业较难获取，但存在需求的类型，具有较大的利润增长空间。

四、网络货运平台的支付结算

网络货运平台利用线上支付的形式结算运费，因为平台有多种模式，根据货主与货主、实际承运人所选择的运输机制，进行运输结算，如果货主委托平台方进行调度司机车辆，那么货主就要与平台方结算，平台方与实际承运人进行结算。如果货主与实际承运人直接对接，那么根据双方的合作模式，采取预付机制，货物到了货主手里并有签收回单，货主确认货单后支付尾款。

由于网络货运平台有着无形性的特点，涉及交易过程的支付质量，所以是平台使用者最为关心的问题之一。网络货运的线上支付相比过去的线下交易提供了一定程度的安全保障。平台支持多种支付方式——现金支付、刷卡支付、第三方支付软件支付等多样性支付方式更加方便快捷。平台收到客户回单后及时将运输费用打给承运人用户。

【案例9-3】金融支付类企业——宝付网络科技(上海)有限公司

宝付网络科技(上海)有限公司成立于2011年，旨在为广大用户提供支付产品与服务，开发出收单类产品、结算类产品、跨境类产品。该公司以研发和创新专注于电子支付和大金融领域，是一家提供综合支付服务的高科技企业。

网络货运经营平台模式主要分为两种，一种是大货主模式，这种模式主要把企业货主的业务切换到网络货运经营平台，与车源端连接起来，通过赚取差价和提供合法增值税发票为主要赢利点；另一种是纯平台撮合模式，主要通过科技手段撮合车源和货源信息，主要收入来源是平台信息费。传统货运经营平台模式结构如图9.1所示。

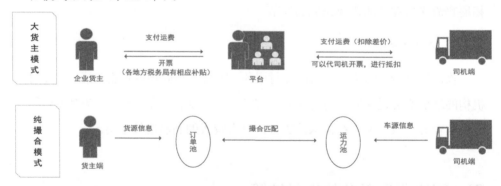

图9.1 传统货运经营平台模式结构

目前大部分承运平台仍处于收取平台信息费的阶段，运费资金未经过平台，赢利模式单一。司机油费、ETC费用进项抵扣难操作，无法完全减轻企业赋税压力。在资金方面，企业货主账期较长，司机要求实时结算，还存在资金需求问题。

另外，物流行业目前的发展趋势是由规模化的传统物流发展为跨国化的现代物流，再发展为网络化的"互联网+"物流，之后还会衍生出更多模式。不同发展阶段，物流行业在金融支付方面存在着不同的行业痛点，如表9-3所示。

表9-3 物流行业不同发展阶段主要痛点

物流行业 不同发展阶段	主要痛点
传统物流	收款方式多样：货到付款方式较多，不便于管理
	回款流程复杂：企业回收货到付款款项操作流程复杂，人力成本高
	运费下发不便：企业每笔运费下发给快递员付款方式需要统一管理
	货款结算多变：货主和物流公司结算货款方式多样，管理不便
"互联网+"物流	收付款不统一：O2O平台同时管理车主和货主支付，需要统一收付款渠道
	还款方式未知：O2O平台提供白条服务，还款渠道成为痛点
代收货款平台	资金流转困难：作为接口和方案提供方，本身不触碰资金，需要处理资金流转
	商户管理复杂：平台需要统一管理物流公司收付款、清算账务关系
	账务关系混乱：待收款业务涉及参与方较多，账务实时清分困难

注：O2O(Online To Offline)平台，即在线到离线/线上到线下，是指将线下的商务机会与互联网结合，让互联网成为线下交易的平台。

针对网络货运经营平台存在的各个痛点，该公司从以下四方面提出解决方案：①支付通道业务合作。该公司为网络货运经营平台提供B2B支付、协议支付、认证支付、代付等产品，使平台资金线上化。②账户合作。该公司将账户消费、支付、结算功能与银行金融电子账户理财、贷款功能进行高效整合，为平台上的各类用户(货主、司机等)提供全面的账户记账及账户管理服务。③金融产品合作。针对网络货运经营平台网络业务发展，该公司联合银行，提供金融产品和金融解决办法。④消费场景合作。该公司依托搭建的账户体系，叠加多种消费场景，促使资金在体系内流转，提高客户黏性。

另外，该公司还针对物流行业制定了专门的解决方案，从各交易场景的企业开户、用户支付、还款、商家代付、分账、结算等所有相关交易环节出发，推出不同支付产品，解决交易中各类特殊场景的定制功能，将整个交易流程形成闭环，便捷交易。

对于以上提出的网络货运经营平台和物流行业解决方案，该公司推出了不同的支付产品，具体见表9-4。

表9-4 不同产品概述

产品分类	子产品	产品概述
支付通道业务合作	B2B	为物流企业提供大额支付运费通道
	协议支付	为个人货主提供大额支付通道
	认证支付	为个人货主提供大额支付通道
	代付	为个人货主提供大额支付通道，实时到账
账户合作	账户分账	①运费支付：宝付提供支付通道，货主进行在线支付。②运费分账：平台推送分账指令给宝付，佣金和运费分别清分至无车承运平台账户和司机账户
金融产品合作	ETC受信垫资	宝付与高速公司系统打通，可在线办理记账卡业务，并结合宝付风控体系，为平台下物流公司垫付过路费
	账户+金融合作	通过账户体系与网络货运经营平台、信息流融合，为场景上下游提供一揽子金融产品服务
消费场景合作	消费场景发票开立	宝付物流钱包为平台司机打通油卡、ETC卡，可实现全场景消费在钱包中聚合，为平台提供相应流水，并开立对应发票

第四节 油品服务

一、油品服务简介

加油卡是用来为汽车加油的储值卡，有极高的便利性，并且针对不同品牌的加油卡有不同种类的优惠措施，"刷卡加油"引领成品油零售市场新潮流，得到了广大消费者的普遍认同。

例如中石化加油卡是 2003 年发行的,在北京市、上海市、天津市、河北省、河南省、山东省、山西省、湖北省、湖南省、广东省、广西壮族自治区、福建省、云南省、海南省、浙江省、安徽省、江西省、江苏省、贵州省等全国 22 个省市,20 000 余座加油站均可享受加油的油品消费储值卡。作为国内最大的一体化能源公司,中石化运用信息化手段提升服务水平,为客户提供更优质的服务。每天有 20 万员工为 1 500 万辆车、4 000 万名顾客提供优质的加油服务,无论是大城市的城区中心还是郊区县城、高速公路上,都有中石化的身影。

二、物流行业的油品服务

(一)行业现状

1. 油品服务市场规模庞大

物流采购联合会数据显示,2020 年全国社会物流总额 300.1 万亿元,按可比价格计算,同比增长 3.5%,全年社会物流总额保持增长的发展态势。2020 年物流业总收入 10.5 万亿元,比 2019 年增长 2.2%,物流业总收入呈现加速回升态势。在运输费用中,油品消耗约占 40%,油品服务市场规模庞大。

2. 电子支付是物流领域发展趋势

手机电子支付在日常消费场景应用非常普遍,但在物流行业才刚刚起步,随着技术发展及物流应用场景丰富,电子支付在物流行业普及成为必然趋势。

3. 物流车用柴油电子支付即扫码加油属于新兴市场,市场机会大

物流车用柴油电子支付在物流行业属于新兴发展市场,竞争对手少。目前市场上做扫码加油(实际是扫码记账,加油站的 App 端主要功能是加油时的身份识别和记账功能)的主要有找油网、山东高速、中交兴路、万金油等。

4. 民营加油站数量占据首位，但获客能力有限

近几年，我国的加油站呈波动态势，2018 年我国加油站数量已经超过 12 万座。其中，中石化、中石油两大集团的加油站分别为 3.46 万座、2.45 万座，分别占比 29%、20%；民营加油站约 6 万座，占比高达 47%；中海油、中化、中外合资等其他加油站合计约 5 200 座，约占 4%。

数据显示，民营加油站的数量已占首位，几乎达到半壁江山。但是民营加油站的获客能力依然无法与国有加油站媲美。由于民营加油站分散、独立经营的特性，迫切需要第三方帮助其进行点、线、面整体规划，进一步提升整体品牌影响力和获客能力。

(二)物流企业的痛点

1. "营改增"后货运企业税负增加

"营改增"之后，多数货运企业实际税负增加。少数物流企业为了增加增值税抵扣项，强行以油卡向司机支付运输费，而卡车司机被迫倒卖油卡，滋生了税收管理的灰色地带，并加重了物流行业额外的资金成本。

2. 相关费用抵扣难

人力成本和路桥费的抵扣难题也是导致物流企业税负增加的原因之一。增值税是对商品增值部分收税，增值税抵扣即"应缴的税费=销项税-进项税"。以生产商品过程中的采购项为例，原材料的采购、固定资产的采购等，均可取得增值税专用发票予以抵扣，这个抵扣称为进项税额。

目前公路货运企业经营成本主要包括人力成本、路桥费、油料费用等，其中只有占运输成本 20%左右的油料成本可以抵扣，路桥费无法抵扣。大部分运输是由个体司机完成的，由于这些个体司机无法开具发票而面临着一系列问题，因此人力成本也无法抵扣。

3. 进项获取难

物流行业公路运输费用结构构成大概为：物流车用柴油占比 40%，公路通

行费占比 30%，人员工资及车辆整体费用占比 30%。物流车用柴油发票可抵扣进项税 13%(2019 年 4 月 1 日前为 16%)，占销项发票 55%左右的成本，是物流公司进项抵扣的主要来源。

4. 三桶油价格高，发卡数量受限制

中石化、中石油是国内遍布最广、最便捷的加油站，也是物流公司首选用油渠道，但是它们的价格高且发卡数量受限制。合理降低油价、增发油卡数量成为物流公司的普遍诉求。

5. 管理成本高

第三方物流公司整车类运输基本以调用社会零散车辆为主。其发放加油卡给司机后还需要回收油卡，为了让司机把加油卡寄回，需要收取司机押金 200～500 元不等。待司机快递加油卡给调度后，调度再向财务申请加油卡押金支付，并由领导进行审批。加油卡回收环节大大增加了物流公司管理成本。除此之外，实体加油卡使用金额不透明，物流公司无法及时、准确了解每个司机的加油卡使用情况，无法做到精细化管理。

三、油品服务在网络货运平台中的应用

(一)现状分析

在网络货运经营领域，比较普遍的做法是网络货运经营方将加油卡交给实际承运人加油，并报销通行费，再将约定运费减去加油卡、通行费后的差额支付给实际承运人。货运代理从石油公司取得成品油专用发票申报抵扣，并按实际支付的运费申报缴纳增值税。

税务局对企业购进加油卡充抵运费、不申报纳税的行为一般有两种处理意见：一是购进成品油允许抵扣，交给实际承运人加油部分的成品油视同销售，按成品油 17%征税，未按规定申报纳税的按偷税论处；二是货运代理实际未从加油站加油，而取得与实际情况不符的专用发票，不得抵扣，按虚开发票论处，

并按规定移送司法机关。

随着《国家税务总局关于跨境应税行为免税备案等增值税问题的公告》(国家税务总局公告 2017 年第 30 号)的公布，上述问题得到了一定的解决。但是对无交通工具承运人自行采购并交给实际承运人使用的成品油，是否需要视同销售缴纳增值税，仍然存在争议。

税务总局公告 2017 年第 30 号规定：自 2017 年 9 月 1 日起，无交通工具承运人自行采购并交给实际承运人使用的成品油和支付的道路、桥、闸通行费，同时符合下列条件的，其进项税额准予从销项税额中抵扣：成品油和道路、桥、闸通行费，应用于纳税人委托实际承运人完成的运输服务；取得的增值税扣税凭证符合现行规定。

在现实情况中，无交通工具承运人一般都是使用加油卡提供给实际承运人，所以对应的油品是否能够完全应用于双方的运输服务很难进行确定。因此，无交通工具承运人在取得相关成品油和道路、桥、闸通行费进行抵扣时，需要完善相关的流程、保留相关的证明材料，尽量避免相关的税务风险。

(二)无交通工具承运人应注意的事项

1. 发票

取得的成品油增值税专用发票必须是自行采购的，且用于实际承运人完成接受委托的运输服务，对于由实际运输户采购的，则不得抵扣。

2. 取得成品油增值税专用发票的办法

《成品油零售加油站增值税征收管理办法》(国家税务总局令第 2 号)第十二条规定，购油纳税人向发售加油卡、加油凭证销售成品油的纳税人购买加油卡或加油凭证时只能取得普通发票。待运输过程中凭卡或加油凭证加油后，购油纳税人根据加油卡或加油凭证回笼纪录，向发售加油卡、加油凭证销售成品油的纳税人要求开具增值税专用发票。接受加油卡或加油凭证销售成品油的单位与预售单位结算油款时，接受加油卡或加油凭证销售成品油的单位根据实际结算的油款向预售单位开具增值税专用发票。

【案例9-4】提供油卡产品的企业——传化智联股份有限公司

传化智联股份有限公司成立于2001年，以"物流+科技+金融"的平台模式，通过线上(智能物流服务平台(Software-as-a-Service，SaaS)和线下(城市物流中心全国网)互相协同的方式，以智能技术驱动解决企业间、区域间、省市间货物高效流转问题，以产品运营使物流企业更好地服务货主企业，打造智能物流服务平台。

传化智联股份有限公司构建了以智能信息服务贯穿全业务流程，以物流服务、智能公路港服务、支付与供应链金融服务为利润中心的平台模式。提出将消费端互联网支付手段应用到物流场景，实现从发货到收货的全程在线支付服务，发挥流量和数据优势，将金融与供应链场景有机结合，为中小企业提供互联网供应链金融服务。

该企业还推出了传化油卡。传化油卡是一款"SaaS(软件即服务)平台+移动小程序+物联设备+金融支付"的一键扫码加油产品，其依托系统、物联设备和传化支付，打造便捷经济的油品采集与消费服务平台，实现油卡电子化、管理可视化、票据规范化、服务专业化。

针对物流企业用油进项获取难、管理成本高等问题，传化油卡通过加油管理系统，为物流公司提供专业化油品解决方案，帮助企业做好物流车用柴油线上精细化管理，为物流公司降本增效；通过定线定车定站，为加油站实现固定、长期、稳定的车源；通过电子油卡一键加油提升司机加油效率。

第五节　ETC

一、ETC 简介

全自动电子收费系统(Electronic Toll Collection，ETC)是智能交通系统的服务功能之一，它特别适合在高速公路或交通繁忙的桥隧环境下使用。目前高速公路收费处有专门的 ETC 收费通道。车主只要在车辆前挡风玻璃上安装感应卡并预存费用,通过收费站时便不用人工缴费,也无须停车,高速通行费将从卡中自动扣除,即能够实现自动收费。这种收费系统每车收费耗时不到两秒,其收费通道的通行能力是人工收费通道的 5~10 倍。使用全自动电子收费系统,可以使公路收费走向无纸化、无现金化管理,从根本上杜绝收费票款的流失现象,解决公路收费中的财务管理混乱问题。

二、ETC 的发展

ETC 是国际上正在推广的一种用于公路、大桥和隧道的电子自动收费系统。该技术在国外已有较长的发展历史,美国、欧洲等许多国家和地区的电子收费系统已经局部联网并逐步形成规模效益。

在国内,广东省是 ETC 系统建设最早的省份。1998 年开始研讨 ETC 系统的建设方案,研发 ETC 系统的关键设备(DSRC 设备),到 2010 年开通使用 ETC 车道 300 多条。2014 年,交通运输部成立全国高速公路电子不停车收费联网管理委员会,协调全国电子不停车收费系统联网运营管理工作。到 2015 年年底基本实现全国 ETC 联网,主线收费站 ETC 覆盖率达到 100%。2019 年 8 月,交通运输部、财政部、发改委发布的《关于切实做好货车通行费计费方式调整有关工作的通知》指出,要加快货车 ETC 车载装置安装。

三、ETC 在货车行业的发展

(一)发展现状

虽然货车数量比小汽车少,但是由于货车行驶在高速公路上的频率更高,并且其通行费也高于小汽车,货车 ETC 同样也是一个巨大的市场。截至 2020 年末,我国共有 1 110.28 万辆载货汽车运营。

从 2020 年 1 月 1 日起,货车通行收费站时不再按重量收费,而统一按车(轴)

型收费。组织货运车辆安装 ETC 车载装置，车辆通行费享受一定的折扣，从而实现不停车快捷缴费，将大大提高货车在收费站的通行效率。

2020 年 10 月下旬，交通运输部办公厅正式下发了《关于做好货车及专项作业车 ETC 发行服务工作的通知》，就货车 ETC 的发行规则、产品形态、服务方式、收费方式、收费标准等作出了明确规定，为货车 ETC 的发行和推广提供了政策依据。

(二)货车办理 ETC 的相关规定与政策

1. 办理方面

车辆的 OBU(ETC 硬件设备)装置将会免费安装，并且还会增加安装的网点，在银行、保险公司、电信运营商、加油站、4S 店、维修厂、停车场，甚至乡镇、社区等区域，都可以免费安装办理。除此之外，从 2020 年 7 月 1 日起，新申请批准的车型还要在选装配置中增加 ETC 车载装置，车辆出厂前会预装 ETC。

2. 卡片方面

储值卡将会被停发，现有的储值卡可以根据自己的需求转换为记账卡。关于停车、加油、过路费等各项支出都可以用银行卡、支付宝等方式来解决，并且还不需要单独为一个账户充钱，使用非常方便。与之前的储值卡单卡产品不同，记账式货车 ETC 产品无须预存资金，只需绑定银行个人账户，就可以用先记账再扣款的方式通行高速公路。

3. 使用方面

由于未来全国高速公路都将按车轴收费，再加上取消高速公路省界收费站，以后货车也完全可以享受"不停车收费"，货车走高速将会和大客车一样方便快捷。从 2020 年 1 月 1 日起，安装 ETC 设备的货车可通行 ETC 车道，秒过高速不排队。据统计，正常通行情况下，安装 ETC 装置后货车通过收费站的时间由原来的 29 秒减少为 3 秒，下降了 89.7%。

另外，交通运输部还要求，从 2019 年 7 月 1 日起，各地对 ETC 用户的优惠不能少于 5%。除了通行费优惠之外，相关部门还鼓励发行机构建立 ETC 用户积分机制，可以用积分兑换礼品。这对于常走高速的货车司机来说，是一笔不小的优惠。

(三)ETC 产品

交通运输部发布《关于推进改革试点加快无车承运物流创新发展的意见》，在全国开展道路货运无车承运人试点工作。例如山东高速集团推出了"高速ETC"手机客户端，是"互联网+高速公路"转型之作。依托 ETC 用户资源优势和 ETC 后联网时代的发展，ETC 手机充值功能将得到进一步普及和发展。

【案例 9-5】提供 ETC 业务的企业——山东高速信联科技股份有限公司

山东高速信联科技股份有限公司是山东高速集团旗下子公司，以智慧交通和物流金融为主要发展方向，初步形成以 ETC、加油为核心的交通业务板块，以无车承运、车货匹配为核心的物流业务板块，以供应链金融为核心的金融业务板块，从单纯的 ETC 发行机构转型为一家专注于交通、物流、金融行业的数据科技公司。

该公司成立于 2019 年 7 月，聚焦交通物流行业，致力于为用户提供 ETC 发行服务以及基于 ETC 的数据科技、互联网加油、智慧停车、智能洗车等涉车综合服务，形成了独特的 ETC 生态圈。为此，该公司主要推出企业 ETC 服务平台。

企业 ETC 服务平台是山东高速信联科技股份有限公司旗下面向广大物流企业用户推出的一款货车 ETC 服务平台。通过该平台，用户可享受货车 ETC 自办理至售后的一站式服务。该平台通过派遣企业专人统一管理企业名下车辆，实现车辆集中管理，实现信息扁平化管理，有效降低管理成本。该平台还开展了 ETC 储值式记账服务，与传统 ETC 储值卡不同的是该平台实现先通行后付费，以此降低了企业资金占用，解决了物流企业通行费资金压力。另外，该平台对企业名下车辆的出行、通行费等信息进行 ETC 数据汇总分析，为企业调整用车策略、调度车辆提供研判依据。该平台核心业务如表 9-5 所示。

表9-5 企业ETC服务平台的核心业务

核心业务	业务介绍	业务目标
车辆集中管理服务	企业专人统一管理企业名下车辆	减少管理工作量
ETC储值式记账服务	先通行后付费	解决资金压力
车辆ETC数据汇总分析服务	统计分析企业名下车辆出行费用信息	提供统一对账依据

第六节 电子签约

一、电子签约和电子签名

电子签约是近年来被广泛推广和普及的签约模式。与过去在纸质文件上签字或盖章相比较，电子签约模式是借助电子签名、信息加密等技术实现的能直接在电子文档上加盖签名或印章的技术。简而言之，电子签约是指用数字技术和互联网技术完成具有法律效力的文件签署。

电子签名指数据电文中以电子形式含有的、用于识别签名人身份并标明签名人认可内容的数据。伴随电子签名基础设施建设与区块链技术发展日渐完善，以及受益于第三方电子签名平台积极与企业服务软件合作，电子签名企业将产品与合作方的软件集成推广，打造企业服务生态闭环，促使电子签名服务用户范围扩大，推动中国电子签名行业规模扩容，预计至 2023 年中国电子签名行业将突破 100 亿元。

2005 年 4 月 1 日实施的《中华人民共和国电子签名法》中明确表示，电子签名是指数据电文中以电子形式所含、所附用于识别签名人身份并标明签名人认可其中内容的数据。第三方电子签名平台以电子签名为底层技术，为政府机构、电子商务、金融行业等用户提供身份认证、电子合同签署、合同管理、存证出证等服务。

二、电子签约的优势

对于企业来说，采用电子签约，可以在确保安全的前提下，解除用户在空间和时间上的局限，随时随地完成合同签订、订单确认等商务操作，办公更加便捷。电子签约是在第三方电子签约平台上签署的，所以签署之后的电子签约以电子数据的形式保存。企业在签署完成后可以保存在第三方电子签约平台的云端，也可以下载保存在内部的电子设备中，合同存储、合同查阅等都十分方便。

电子签约的方式规避了纸质合同面签或邮寄的麻烦，签约双方无须长途奔赴或等待快递送达，只需通过手机、电脑、平板等电子设备，足不出户就可以在线签署合同，简化了纸质合同反复修改、审批、快递等环节，大大提高了签约效率。同时，线上签约模式流程化的操作有效降低了人力成本，将人力成本用于更有价值的工作。

电子合同采用可靠的电子签名技术，可确保签约主体真实身份，防止合同文件被篡改，精确记录签约时间，具有很高的法律效力。相比纸质合同易被损坏、涂改、冒签等隐患，电子签约技术极大地降低了企业签约的风险隐患。

近年来，数字经济的快速发展成为中国经济发展的新动能，作为企业数字化转型中重要的一环，电子签约将随着产业数字化程度的加深快速渗透到各行业。电子签约技术也逐渐走向成熟。

三、物流行业的电子签约

（一）行业现状

2019年以来，交通运输部频繁出台相关政策大力推进互联网物流业发展，鼓励物流行业向智能化、智慧化模式创新。为了更好地满足信息化、合规化监管需求，提升运营效率，增加企业竞争力，越来越多的物流平台企业开始选择电子签名技术来实现合规化经营、精细化管理、智能化升级。在国家政策加持下，伴随着区块链、人工智能等技术的快速发展以及与物流业的深度融合，使智慧物流生态体系逐步完善，朝着更高效、更便捷的方向发展。

物流业降本提效需求日趋强烈，电子签约快速渗透。很多物流企业开始使用电子签名服务，在帮助物流企业降本增效方面的效果非常显著，大大节省了各类单据的签署、递送、保存等综合管理成本。电子签名技术作为帮助企业降本增效的有力武器，受益于国家政策的支持和引导，被越来越多的企业接受和认可。

(二)行业痛点

在物流业总量和增量持续增长的过程中，行业长期存在的痛点问题越发凸显，例如纸张浪费、耗时长久、管理不便、人员难集中、信息易泄露、用章风险大、存储成本高等。随着时间的推进，它们将进一步加剧物流服务供给和需求之间的矛盾。

1. 成本高，效率低

物流行业中合同与订单数量大、成本高、耗时长，且纸质合同容易丢失、被篡改，查找统计不便。传统签收信息同步慢，信息不一致，无法自证等，导致对账流程烦琐，延长账单周期。

2. 安全性不足

传统寄货单保留了取件人身份信息，带来安全隐患。货物从装载、运输到取件过程无清晰的防伪记录，爆仓丢包的责任无法明确。取件过程无存证保全，错领冒领时有发生。

3. 难以追本溯源

无法知晓商品从生产到出库到流通，再到消费者手中的每一个环节。不知道商品的产地、经销商等流转信息,无法辨别真假。没有物流区块链信息,快递保价不客观真实。

4. 业务增长难

公司体量增大后,会出现用印频率高、合同量大、恶意诋毁多、资金紧缺等问题,导致公司管理困难、品牌维护困难、融资困难。

(三)解决方案

1. 节约成本

电子合同节省打印、寄送成本、管理成本、人力成本,通过电子签收,保障双方的数据一致性,快速对账确认,缩短账期。

2. 较高的安全性

可以记录下单、装载、运输、取件等环节的数据,并进行全过程存证保全,比如拍照留存的电子回单,取件后的照片反馈都可存证于区块链,具有不可篡改性,保证了合同、订单数据的安全性,同时也被司法所认可,减少了法律纠纷带来的风险。

3. 可以追踪商品

数据接入电子签约平台后,商品的生产、销售、运输全过程通过电子二维码追踪。

4. 标准化管理

可以完成多层级印章管理、公章管理、模板管理、部门管理,让企业服务更加标准化和透明化,提升品牌形象,同时也起到为企业增信的作用,从而改善中小企业的营商环境,增加融资成功率。

四、电子签约在网络货运平台的应用

(一)发展现状

交通运输部发布的《网络平台道路货物运输经营管理暂行办法》指出,网络货运经营者应依托互联网平台整合配置运输资源,以承运人身份与托运人签订运输合同,委托实际承运人完成道路货物运输,承担承运人责任。新规出台使市场上的货运平台把发展重点从简单的"信息撮合"转向"互联网+运营",使监管下的网络货运平台必须介入托运人与承运人的具体交易中,不仅要和托运方、委托承运人签订合同,还要实现长期存储,保证交易信息可追溯和可调阅。

交通运输部办公厅 2019 年连续发布了《网络平台道路货物运输经营服务指南》《省级网络货运信息监测系统建设指南》《部网络货运信息交互系统接入指南》三份与网络货运平台息息相关的指南,指导网络货运平台的经营服务,并对平台的线上服务能力和服务水平再次提出了具体要求。

传统线下运单确认签署文件只能依靠快递传输、人工上报来完成,不仅信息交互性差,还会产生大量的人力和快递成本。在网络货运模式中,业务数据的生成和传导效率在很大的程度上决定着平台运营效率。运用电子签名技术,业务中各类合同、单据都能秒发秒签,无论是发货方的运送需求还是司机送达后的回单反馈,每一单业务的信息生成和传导都能随着签约动作的进行自动完成,不仅加速对接效率,也能帮助平台方即时匹配货主需求,以合同数据推动精细化运营。

根据第三方智库艾媒咨询在《2019—2020 中国电子签名物流细分市场专题报告》中的测算,电子签名技术在物流领域的应用能促进单据流、信息流、资金流的线上融合,让发货方、承运方、收货方之间的信息流转效率提升59.3%,同时也帮助物流企业将各类单据的签署、递送、保存等综合管理成本降低53.1%。

如今，信息化发展已经成为国内经济发展的主流，网络货运平台可以连接大量企业和个人用户，在电子合同的应用上能极大地发挥网络效应，有利于电子合同在社会多领域的推广和渗透。

(二)电子签约的具体应用

1. 承运服务对接的签署

在对接、承运过程中，可能是网络货运平台委托货车司机运输货物，也可能直接由货主委托快递公司运输。经过和物流平台、运输管理系统对接，物流平台在对接服务的过程中，可以直接根据业务需要在自己的管理平台发起电子文件，线上完成内部审批、盖章、司机/货主/收货人电子签名、文件自动回传归档，无须纸质文件四处周转，签署更快、更安全。

2. 物流资源合作类的签署

当平台和物流管理软件具备电子签约能力后，个体货运司机线上提交加盟、合作请求后，物流方审批确认就能自动触发"合约"签署流程，短信通知司机签署加盟、合作、挂靠协议，全程数字身份保障，安全、无纸化，全面提高合作效率。

3. 物流单据类的签署

把物流运输系统、订单管理系统对接到契约锁印控中心，承运服务一开始，各类运输数据自动填入电子文件模板，流程驱动流转，司机承运中通过手机端就能智能发起签署，既不影响提货、发货、验收效率，又能确保单据信息真实、防丢失，提升运作效率。

4. 平台注册、入驻、会员服务类的签署

各大物流服务商都有自己的线上服务平台，客户注册要签多种协议，作为后期履行服务的法律依据。但是，大多数平台由于缺乏合法的电子签名能力，一旦出现纠纷，很难作为有效司法证据。

电子签约平台有 CA 数据认证支撑，接入物流组织线上服务平台后，可以

为各类注册用户提供数字身份认证支持，确保本人、真实意愿签署，提升注册效率的同时保障客户合法权益。

5. 货车入驻物流平台类的签署

网络货运平台每年都有大量货车司机、小型物流团队入驻合作，为了确保服务质量，平台既要对合作方身份进行核实、考察，又要安排好入驻协议签署。因此，需要对接网络货运平台、物流组织内部管理系统，打造"申报、审批、协议签署、存储"全程电子化的入驻流程，确保货运司机、企业全程真实身份，保障物流网络安全。

6. 供应链金融类的签署

供应链金融是由银行、金融机构等投资者以物流平台为核心担保业务，主要向物流平台的上下游企业提供融资服务。电子签约为整个融资过程提供"身份认证、电子用印、电子签名、数据存证"服务，为供应链金融平台、担保企业、融资方打造一个安全、合法、便捷的签署环境。

【案例 9-6】电子签约类企业——北京众签科技有限公司

北京众签科技有限公司成立于 2013 年，是国内起步较早的安全电子合同服务机构，也是国内电子合同+服务提供商。

电子合同是北京众签科技有限公司旗下产品，为用户提供身份认证、数字证书、合同转换、在线签署、存证保全和司法落地等满足《中华人民共和国电子签名法》要求的全流程电子合同服务，旨在帮助用户提高合同签署效率，降低合同签署、管理和合规成本。该公司致力于打造基于"电子合同+区块链多方存证+全面法律保障服务+多重安全保护措施"的电子合同签约生态体系。

该公司通过企业对公打款验证、企业基础信息验证、个人二/三/四要素验证、人脸识别、指纹识别、公民网络电子身份标识(Electronic Identity, eID)、SIMeID(eID 的一种，即公安部公民网络电子身份标识)等多种实名认证方式，实现实名认证。通过与多家权威证书授权中心(Certificate Authority, CA)合作，提供数字证书服务，为每一个用户申请颁发合法有效的数字证书，用于电子签名。通过提供合同模板制作、合同生成等服务，将 Word、PDF、Excel 格式文件转换为具有法律效力的电子文件，实现合同转换。通过提供电子签名、时间戳等服务，采用多种签署方式，实现具有法律效力的电子合同在线签署。

该公司联合司法鉴定、公证、审计、仲裁等权威机构打造有多家司法服务机构参与、面向电子数据存证的联盟区块链，用于电子合同全证据链存证，形成证据锁链。该公司还联合司法鉴定、公证、仲裁、保险公司、律师事务所等服务机构，为用户提供电子合同取证、司法鉴定、公证、智能仲裁、法律保障、法律支持等全方位法律服务，确保电子合同能够成为有效证据，得到法院、仲裁机构的认可。另外，该公司还面向不同应用场景研发打造了接口签、微签和旗舰版等电子合同产品，为客户提供全流程电子合同服务。

该公司为无车承运人客户提供线上电子合同签署等服务，包含证书签发、电子合同生成，签署、证据保全等接口服务。解决了合同或单据数量多、场景杂、应用成本高昂、协调沟通周期长、面签要求条件高、效率低、使用场景受限、纸质文件线下存储、使用查找不便、管理复杂程度高等问题。

第七节　汽车后市场

一、汽车后市场简介

汽车后市场是指汽车销售以后，围绕汽车使用过程中的各种服务，它涵盖了消费者买车后所需要的一切服务。即汽车从售出到报废的过程中，围绕汽车售后使用环节中各种后续需要和服务而产生的一系列交易活动的总称。

汽车后市场最早的分类是以汽车整车销售的前、后顺序进行分类的。汽车后市场主要包括汽车养护行业、汽车维修及配件行业、二手车及汽车租赁行业等。

二、公路货运行业的汽车后市场

伴随着中国物流行业的快速发展，货车总体数量较多，汽车后市场规模越来越大，市场前景越来越广泛。

(一)中国货运汽车后市场规模不断增长

货运业汽车后市场业务与货运汽车存量直接相关。从国内道路货运汽车拥有量来看，中国货运业在经历多年的快速发展之后，全行业企业50.13万户，个体运输户273.74万户。2020年，全国营运载货汽车达1 110.3万辆，高居世界首位，完成货物周转量60 171.85亿吨千米。

(二)中国货运行业汽车后市场发展趋势

由于我国汽车销量增速放缓，所以汽车市场的重心将从前端销售向后端服务转移，即汽车后市场服务(包括汽车维修保养、汽车美容、汽车保险等)。

1. 货运汽车维修养护及配件方面

我国汽车维修养护市场规模快速增长。网络货运平台提供一整套的保养服务，包括发动机定期保养、轮胎养护等2020年达7 492.6亿元，较2019年增加了721.91亿元，同比增长10.7%，其中货运汽车维修占比42.3%。我国汽车零部件的销售收入从2016年3.46万亿元增长至2020年的4.57万亿元，年均复合增长率是7.2%，其中货运汽车配件销售占比超过40%，市场潜力巨大。

2. 二手车及汽车租赁方面

2020年全年，二手车交易量为1 434.1万辆，交易额为8 888.4亿元。二手车及汽车(卡车或货运汽车)租赁主要针对司机，可以将货运汽车以租赁或转卖的方式提供给个人、第三方物流公司或者物流平台。

3. 汽车用品

汽车用品是指应用于汽车改装、汽车美容、汽车装饰等汽车电子及零部件的相关产品。2020 年汽车用品交易额为 8 400 亿元，其中 2020 年汽车内饰用品线上交易额为 436.62 亿元，其中货运汽车(卡车)内饰为 75.1 亿元；汽车外饰用品线上交易额为 89.608 亿元，其中货运汽车外饰为 10.75 亿元；汽车用品线上市场规模仍处于快速成长阶段，尤其是公路货运行业卡车的内饰用品市场，发展空间很大。

随着货运汽车后市场规模的持续扩大，未来货运汽车后市场物流的发展将出现以货运汽车后市场服务为主的发展道路，包括货运汽车维修、便捷的加油加气方式、货运汽车或卡车相关的二手车买卖或租赁服务、汽车保养、运输中餐饮食宿一体化服务等。

4. 餐饮食宿方面

在公路货运中，司机最大的需求是吃饭和住宿，但现实情况是司机为了防止货物被盗一般都在车上吃住，很少有合适的饭馆、酒店供其使用。饭馆、酒店需要满足既能停放运输车辆且能保障车辆、货物安全的要求，实现一体化的餐饮、住宿可以为司机提供很大的便利。

三、与网络货运平台有关的汽车后市场

对网络货运平台的运营方而言，作为承运人角色，由于掌握了庞大的货源，对于第三方物流公司、个体卡车司机等实际承运人的掌控力较强，因此可以用市场化的手段为这些实际承运人提供汽车维修及配件、二手车及汽车租赁、餐饮食宿等汽车后市场服务，并通过集中采购、联合运营等方式降低成本，获得竞争优势。例如网络货运平台公司可以和市场上比较著名的平台(瓜子二手车、懂车帝、淘淘网等)建立长期合作，通过二手车平台为司机寻找合适的二手车(卡车、货运汽车)。例如某网络货运平台，整合货运汽车基本信息，在

货运汽车发生故障时，快速有效地安排周边的维修点对其进行维修；利用车辆行驶信息，准确地进行维修任务分配，以达到快速解决货运汽车故障维修的问题。

思 考 题

1. 供应链金融对网络货运平台的效应是什么？
2. 针对物流行业的保险种类有哪些？
3. 电子签约在网络货运平台中的具体应用有哪些？

第十章 典型网络货运平台案例

【教学目标】

- 了解我国有哪些主要的网络货运平台企业。
- 了解我国典型网络货运平台的业务及服务内容。

本章选择我国几个典型的网络货运平台企业,重点介绍企业概况、业务简介、重点服务内容等几个方面。

第一节 中储智运网络货运平台

一、企业概况

中储南京智慧物流科技有限公司(以下简称"中储智运")隶属于国务院国资委中国诚通控股集团有限公司的中储发展股份有限公司,成立于 2014 年 7 月,是一家提供数字物流基础设施及服务、提供智能供应链解决方案的智慧物流科技企业。该公司通过物流运力交易平台实现物流需求方、供给方之间的智能精准匹配与线上物流交易,通过网络货运平台实现物流全程的高效运作与管理。在此基础上,企业依托掌握的物流核心数据,利用区块链技术,构建聚合供应链上下游企业商品贸易、物流、支付结算、融资等各类数据元的一体化智能供应链公共服务平台,形成第三方可信数据元,实现供应链上下游各环节的高效流通与闭环管理,全面提升社会供应链的运作效率。

中储智运作为全国首批 5A 级网络货运平台、交通运输部全国首批无车承运人试点企业,曾被国家发改委、工业和信息化部评为"全国共享经济典型平台",现为交通运输部"第三批多式联运示范工程项目联合单位"、商务部"全国供应链创新与应用试点企业"、江苏省"智慧物流降本增效综合改革试点企业""互联网平台经济百千万重点企业""民生保供重点企业"。

二、业务简介

(一)业务规模

中储智运平台于 2015 年 4 月上线试运营以来,物流业务网络已经覆盖全国 31 个省市的 451 个城市，拥有 5 000 名专业物流员工，超过 200 名专业研发人员，在国内已设立 60 多个服务网点，布局 40 座专业仓库，60 条专用线路，涵盖运输线路达到 30 000 条。中储智运现已发展成为单月运输收入超过 24 亿元、单元成交吨位超过 2 000 万吨、全年物流收入规模超过 200 亿元、整合超过 240 万个专业货运运力、注册货主企业会员 2 万家、注册运输企业会员超过 1.5 万家的全国示范引领"共享经济典型平台"。

该平台运输货物品类涉及钢材制品、煤炭、纸浆原料、矿石、家电、塑料、粮油食品等多个行业。平均不到 7 秒成功完成一笔交易，平均为货主降低 10% 的成本，司机找货时间减少 55%。据测算，中储智运上线 5 年来，已累计为货主客户降低物流成本超过 30 亿元，在推动经济高质量发展，深化供给侧结构性改革方面做出了突出贡献。

中储智运平台利用创新模式，创造了巨大的经济效益。2015 年，平台尚处于试运营阶段，纳税总额为 27.59 万元。2016 年，平台业务进入爆发式增长阶段，物流业务收入达到 20.98 亿元，纳税总额高达 1.35 亿元。2017 年，平台全年物流运输收入已突破 65 亿元，全年纳税总额达到 6.65 亿元。2018 年进入供应链试点期，平台业务收入达到 114 亿元，较上一年度，营收增长率为 76%，纳税总额突破 12.65 亿元。2019 年，公司物流收入规模突破 170 亿元，业务板块已覆盖网络货运、多式联运、物流生态增值各类服务，全年纳税总额达 15.8 亿元。截至 2020 年底，公司全年物流收入规模突破 220 亿元。

(二)平台架构组成

1. "双核心"数字物流基础设施

中储智运聚焦物流业整车货运市场，构建整合货主、司机以及产业链上其他参与主体的"物流运力交易共享平台"及"网络货运平台"(见图 10.1)，实现"商流"和"物流"的有机统一。通过规模化、组织化的手段科学调度物流资源，形成合理循环运输，有效提升运输组织效率，优化物流市场格局，发挥集约经济的作用。平台通过智能配对、精准推送技术，帮助货主第一时间找到适配车辆，充分利用返程车辆资源，实现车货双方的自由议价交易，降低企业物流成本，提升企业物流管理效率，帮助司机提升货车使用效率，增加运输频次，提高收入。平台积累的海量物流大数据，可为物流行业资源配置和实现合理运输提供决策依据，全面降低产业物流运营成本，提升产业运行效率及物流信息化水平，构筑行业信用体系。

物流运力交易共享平台实质是一个以"商流"为主的物流公共基础设施平台，将货、运输工具(车、船、铁路、飞机)、市场等物流要素数字化，帮助物流需求方、供给方及其他企业进行物流运力服务的交易。通过智能配对技术将货源以"一对多"的形式推荐给最切合的承运人，促使物流运力供需资源精准匹配，通过议价功能使货主获得合理的运输价格并实现交易。货主可通过平台快速满足运力需求，获得价格合理的承运车辆。司机等运力会员可通过平台增加业务机会，充分利用返程运力资源，提升车辆利用率和运行效率，降低返程空驶情况，减少配货、找货、等货时间及停车费、住宿费、信息费等各种费用。

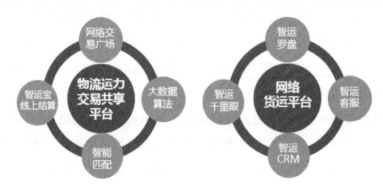

图 10.1 中储智运"双核心"平台

网络货运平台是在物流运力交易共享平台基础上打造的"数字化物流管理"平台，为货主提供精细化、可视化、智能化的全程物流服务。平台是以承运人身份与托运人签订运输合同，承担承运人的责任和义务，通过委托实际承运人完成运输任务的道路货物运输经营者。公司通过智运罗盘、智运千里眼、智运客服等安全管控系统，实现每笔业务"五流合一"(物流、信息流、资金流、票据流、轨迹流)的高效运作与管理，为客户提供安全、便捷、放心的一体化物流运输服务。

2. 构建新物流生态圈

中储智运围绕企业进(采购)、产(生产)、存(存储)、销(销售)过程中"五流合一"的数字化经营管理需求,构建并不断完善旨在为企业生产、贸易、经营、管理提供服务,以网络化、数字化、可视化为基本特征的数字化供应链生态圈(见图 10.2、图 10.3)。

图 10.2　中储智运交易模式

图 10.3　中储智运数字化供应链生态圈

通过高效整合供应链中的资源、数据、设备、产品和业务流程，有效提高生产、库存、管理、物流运输、销售、运营效率与效益，帮助客户企业设计更精准、更实时的需求预测与产能计划方案，并促进各主体的协作和协同。通过智能物流综合服务平台、智能供应链专业服务平台、大宗商品贸易服务平台三大集成平台，中储智运战略定位转型升级为数字化供应链生态服务商。

三、重点服务内容

(一)企业运输服务

中储智运充分发挥自身的资源聚集优势，以企业资源计划(Enterprise Resource Planning, ERP)、调度系统为技术基础，搭建平台整合货主与承运方，包括铁路专线、船运公司、个体船东、物流基地、码头港口、堆场仓库等相关资源，大力发展公路、铁路、水路的联运业务。提供一站式的多式联运物流解决方案，逐步实现多式联运上下游企业之间的互联互通、资源共享以及智能配对，从而降低多式联运的交易成本，提高多式联运的组织效率。中储智运平台运营场景参见图10.4。

平台主要业务接口功能描述如下：

(1) 发单。接入方通过此接口进行订单发布。平台通过订单搜索接口将订单信息保存到本地，在订单状态变更时会保存订单的最后编辑时间，及时更新订单状态。

(2) 摘单。企业接入方负责提供摘单通知的接口，当归属货主的订单成交时，中储平台将成交信息(司机姓名、电话、成交时间等)回传给企业。

(3) 轨迹。接入方通过订单号查询车辆在途轨迹情况。

(4) 磅单接口。收发货过磅时，可以将磅单信息发送到平台、司机App端自动读取收发货吨位。或者接入方提供吨位接口，司机App收发货通过接入方提供的接口获取吨位信息。

(5) 回单。用户通过调用回单接口填写金额、吨位等信息进行回单确认。

(6) 结算申请。用户通过调用结算申请接口进行结算申请操作。

(7) 付款信息接口。用户可以通过订单号查询该笔订单的付款情况(付款状态、时间等)。

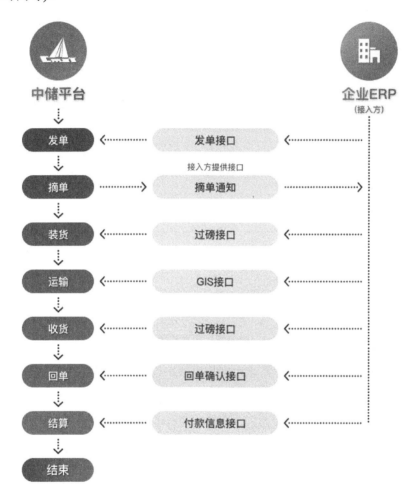

图 10.4 中储智运平台运营场景

(二)大数据应用服务

采集运输平台、会员平台、财务平台、重卡平台的数据,通过智运大数据计算平台,输出承运人、线路、价格特性数据(见图 10.5)。

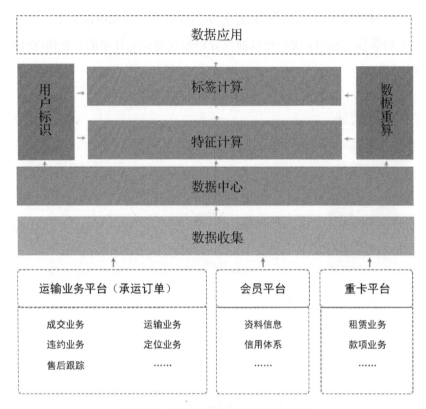

图 10.5　中储智运数据应用体系架构

借助于运输业务平台，搭建大宗物资整车运输价格指数，实现运输价格的精细化监控，为政府、物流行业参与者提供多维度的、符合价格规律的价格波动数据，防止行业价格欺诈行为。搭建物流行业整车运输健康指数，降低物流成本，提高运行效率，为资源合理化配置提供参考，以促进物流业的健康、可持续发展。

会员平台汇集网络货运业务中的海量交易记录，结合政府、金融第三方公共系统数据，对会员进行信用打分及评级，建立会员信用评价系统，建设适应于网络货运平台新业态的网络货运征信体系，打造物流信用风控体系，为物流业经济发展提供保障基础，提升物流业社会信用状况。

重卡平台以重卡、智能托盘等生态圈业务为切入点，服务 B 端企业、C 端司机，聚焦价值行业头部企业转型需求，组建研发团队建设聚合供应链上下游企业物流、商品交易、支付结算、企业融资等各类数据元的第三方数字化供应链。

(三)智能硬件应用服务

完善物流基础设施的设计,优化各业态产品与服务,实现物流智慧化赋能。打通收发货过磅系统,收集、反馈真实且可追溯的货物信息,打造智能磅单系统以实现数据共享。根据运单、车牌、身份标识生成门禁识别码,帮助各方主体全面掌握供应链全程的货权转移真实状态。利用区块链技术,整合供应链上下游企业、政务平台、金融机构形成智运联盟,解决供应链涉及的交易支付、货物交割、融资、风控以及结算的数据确权、数据信用和数据隐私问题,高效整合各类资源和要素,为生态协同方提供及时可信的数字供应链信用凭证。

第二节 G7网络货运平台

一、企业概况

北京汇通天下物联科技有限公司(简称"G7")致力于以互联网公共信息平台推动中国物流企业的发展及成本降低。业务内容包括为企业提供物流运输平台服务、帮助企业整合运力资源降低成本以及全国货运信息平台服务。G7是一家智慧物联网平台,基于行业独有的人工智能与物联网(AIoT)技术平台,向大型物流企业和数以万计的货运车队提供车队管理综合解决方案,覆盖安全、结算、金融、智能装备等车队运营全流程。

二、业务简介

(一)业务规模

G7 在物流数字化领域深耕十余年,迄今为止已通过数据服务连接及物联网硬件连接中型、重型货运卡车超过 236 万辆,每日跟踪超过 1.7 亿千米的卡车运行轨迹,日均上传平台数据超过 7.8TB。海量数据造就了 G7 独特的平台优势,以持续迭代的精准算法为客户提供覆盖安全、装备、结算等全方位、多场景的稳定的数字化服务。

(二)平台架构组成

G7 数字货运为传统公路货运插上物联网的翅膀,能够实现智能车货匹配,过程安全可控,全流程数字结算。G7 数字货运以物联网技术构建平台,将货主、运力、安全管理、装备运营、能源消费等公路货运全链条有机整合,让公路货运更安全、更高效、成本更低。物联网科技让司机、货主、财务不再难。基于 AIoT 技术,该公司网络货运平台连接百万车辆,全国覆盖,帮助广大货主和卡车运力完成智能匹配。日均车辆数据秒级上传该公司网络货运平台,货运全程清晰可见,安全合规。该公司网络货运平台覆盖加油、ETC、轮胎等消费全场景,具有在线支付、账目清晰、票据合规、降低成本等优势。

三、重点服务内容

(一)G7 网络货运系统

G7 网络货运系统拥有工作台、车辆管理、运单管理、支付管理、在途监控、开票管理、运营平台以及司机 App。通过界面清晰、功能全面的工作台,可查看公司信息,车辆、司机、运单以及账户信息等;车辆管理,可对企业车辆信息进行管理，包括车牌号、颜色、载重等信息，确保车辆真实性，支持证照审核；运单管理，可查看运单详细情况，支持按时间、司机、车辆等条件进行筛选，支持一键导出运单信息，方便形成 Excel 表格进行本地化汇总；支付管理，展现运单详情，支持批量和快速支付运单，支持按条件筛选和导出 Excel 表格；在途监控，展现运单详情、行驶轨迹、运单状态和支付情况，确保运单真实可查；开票管理，支持一键开票，大大提升工作效率，展现运单的详情，可按条件进行筛选；运营平台，功能丰富，操作简单，运营人员上手快，提高运营管理能力，实现线上化管理；司机 App，独立部署上架，树立企业品牌。

(二)G7 运力保障

车货匹配中，运力是极为关键的一环。G7 网络货运平台构建有私有运力池以及公有运力池，还支持线上运力招标采购，共享运力资源，实现运力调度效率最大化以及精细化运营。目前的 G7 公有运力池中拥有 70 多万名承运司机，全方位保障运力充足。

(三)G7 物联网设备

G7 物联网设备主要从人、车、货三个维度，实现物流环节可视化。主动安全设备管理 20 多项风险事件，全面保障司机驾驶安全；AI 量方，自动感知货物装载率，降低车辆空驶率；载重设备，实时监控货物状态，防超载、防偷货。

(四)G7 税筹服务

G7 在全国多省市建立合作基地，通过规模效应帮助客户合规降本，同时促进信息流、业务流、资金流、票据流四流合一。

(五)G7 能源服务

该公司网络货运平台在全国覆盖超过 12 000 个站点，包含柴油、天然气、润滑油等众多品类，站点覆盖 35 条高速干线，87%的国土面积；通过车队加注管理后台,能够很好地掌握加注情况。该公司网络货运平台结合实时更新的加注价格与货运线路,为司机智能定制最佳解决方案。

(六)G7 卡车宝贝服务

该公司卡车宝贝服务是一站式卡车司机消费平台。该服务覆盖司机所需种类,包括柴油、天然气、润滑油、尿素、轮胎、维修保养、餐饮住宿、购车/二手车交易、金融/保险等。该平台可以为司机提供高性价比养车服务,货源厂家直供,司机可以线下无忧取货,服务网点全线覆盖。

(七)G7 安全管家服务

该公司平台提供五星级安全服务,通过人工智能(AI)和自然智能(NI),每天处理 3 万次风险事件,使卡车事故率大大降低。针对物流运输场景的自建风险算法模型,提取上百个维度特征对司机驾驶中的风险进行评估进化。为司机提供真人语音、电话提醒贴心互动;帮助车队长进行精细化安全管理,对高危司机一对一服务,改善司机不良驾驶行为。该公司网络货运平台后台每日推送安全简报,定期推送安全诊断报告,能够实时查看高风险车辆、车辆装载率、胎温胎压管理,并自由调取视频回放、语音对讲记录,掌握司机及货车的安全状态。通过车辆驾驶、运营、管理、风险管控等数据对车辆、车队分别进行风险评分,帮助车队进行长期风险预测、安全精细化管理,帮助保险公司进行风险识别及差异化定价。

(八)G7 数字货舱服务

该公司数字货舱服务让传统卡车装备变成物联网时代的智能装备,同时运用资产服务化的创新方式,让卡车车队的现金流和资产配置更加灵活。数字货舱具有快递快运版、冷链版和大宗版,具有 AI 量方、实时称重、远程温控和震动监测等功能。

(九)G7 大数据服务

该公司平台广泛连接卡车、挂车、油气站、物流园区等公路物流生产要素，全面获取车辆轨迹、驾驶行为、能源消费、园区管理等公路货运大数据，助力行业数字化转型，降本增效。

第三节　路歌网络货运平台

一、企业概况

合肥维天运通信息科技股份有限公司成立于 2002 年，该公司建设运营的路歌"互联网＋物流"平台，是国内最早服务于中国公路物流领域的网络货运业务支持平台。路歌一直专注中国公路干线运输，服务涵盖物流全产业链，2016 年被国家商务部认定为"全国智慧物流配送示范企业"；2017 年被国家交通部确定为中国首批"无车承运人"试点单位；2018 年被国家发展和改革委员会、交通部、国家互联网信息办公室联合授予"骨干物流信息平台试点单位"；2019 年被国家发展和改革委员会认定为"全国物流运行监测点"单位；2020 年入选"中国民营企业 500 强"；2021 年被评为"工业和信息化部专精特新'小巨人'"企业、物流与供应链管理创新最佳示范单位。

二、业务简介

(一)业务规模

路歌经过 19 年的探索与积累，逐步构建了可支撑行业持续发展的良性物流生态圈，已跃身为全国前列的网络货运平台。公司拥有独立园区，汇聚国内顶尖的技术研发团队、运营团队、市场拓展团队，员工千余人，服务网络覆盖全国。目前已在全国组织建立了 297 个线下社区分部，有 7 万多企业用户，400 多万个体重型卡车会员，月交易额突破 25 亿元，全年交易额突破 300 亿元。

(二)平台架构组成

依托区块链技术的不可篡改、全程可追溯、分布式存储以及数据的安全传输等特性，打造"网络货运+车后服务+供应链金融"多业态为一体的生态结构，大幅提升物流行业运营数据全量存证的公信力，解决"真实性"这个行业痛点，推动行业创新发展。

三、重点服务内容

(一)路歌数字物流

路歌数字物流基于路歌多年来的行业积淀，以赋能物流企业数字化为基石，打造面向未来的公路运输运力组织新模式。致力于通过数字化手段实现对物流企业经营成本的优化控制，并有效促进各业务角色的高效协同运作，最终帮助物流企业完成自身综合实力的跨越与提升。

1. 管车宝

针对我国运输业以个体卡车为主体的现状，管车宝帮助物流公司提升调车效率、降低运输成本、优化运输管理。

2. 快路宝

路歌快路宝是一款基于移动互联网技术自主研发的、专门为物流公司提供业务运作服务的货物运输管理 App，积累车辆资源，实时跟踪运单信息，提升调车效率，帮助物流公司降低运输成本，优化运输管理。

(二)路歌卡友地带

打造"三生工程",通过线上社区、O2O 互助板块,聚集卡车司机,聚集优质的服务资源,改变生存现状。生产方面,从整车销售、车辆维修、油卡销售、TFC 等业务入手,全线提供服务支持,为卡车司机提供"全生命周期产品";生活方面,向用户提供法律援助、线下聚会、卡友节、卡友文化、卡友商城、经验交流分享等资讯,实现便捷的卡友交流互动,还有贴心的在线通信和紧急求助功能;生意方面,借助于路歌好运宝提供运费保障。

(三)路歌卡加车服

卡加车服专注于为卡车司机提供一站式服务,致力于打造一站式全生命周期的卡车服务生态,整合车辆销售、维修等多项卡车资产管理服务,让每位卡友享受到省心、放心且备受尊重的服务。卡加车服旗下涵盖了卡加优车、卡加养车、卡加优选三个业务品牌,分别从不同维度提供服务支撑。

第四节 安徽共生网络货运平台

一、企业概况

安徽共生物流科技有限公司成立于 2015 年 10 月,一直致力于推动制造业与物流业的深度融合发展,提供全方位的智慧物流与数字化供应链服务,帮助制造业转型升级,助力数字经济高质量发展。公司荣获国家发展和改革委员会"中国互联网+行动百佳案例"、工业和信息化部制造业"双创"平台试点示范企业、工业和信息化部"国家中小企业公共服务示范平台"等二十多项国家及省部级荣誉。

二、业务简介

(一)业务概况

该公司以先进技术建立了全链条物流互联网交易,并为物流行业提供众多的云企业服务,提供物流运营、采购、销售、资金、财务、创业、人力资源共享和物流技术服务等方面互联网支持服务,以共享提升物流服务和效率。

(二)平台架构组成

1. 云架构

平台用户可以自主地开通各种功能,系统为每个用户分配独立的云运用空间。

2. 大数据智能平台

基于大数据技术实现智能物流功能,例如智能车货匹配(利用移动互联网特性,对车的时间、位置做精准的匹配和智能化对接)、运输异常监测、路线智能规划、物流 KPI 分析等,利用大数据实现运营透明化等。

3. 安全技术平台

平台实现严密账号安全管理功能,包括密码管理、权限管理、登录异常检测。通过数据多点备份技术、数据加密存储技术保证用户数据安全。另外,为用户提供 App、微信、PC 端三种场景接入方式,满足用户各种办公需求。

三、重点服务内容

(一)运力交易服务

由共好运、共发财、共融、共保、共创五大模块组成。

"共好运"作为共生构建的安全开放的货运交易 O2O 平台,帮助货主和物流企业共享海量运力池,提高调度效率,降低运输成本;帮助车主通过平台快速找货,降低空置时间,提高货运收入。

"共发财"为物流企业提供财务支持服务,解决注册、财务、税票、人事、法律等方面的工作困难,降低运营成本。

"共融"帮助中小物流企业提供金融支持服务,对接银行或金融机构,解决融资困难,采用垫资的方式,按日计息减少利息支出。

"共保"与各大保险公司达成合作关系,因为后台大数据分析,有强大的技术、客户服务等团队,把控风险,为用户的货物保驾护航,真正实现投保更方便、保费更优惠、理赔更放心的全方位保障服务。

"共创"是孵化培育型中小物流经营者,助他们实现创业梦想。为创业者对接共生物流平台的优势资源,使其在初创期就具有成熟企业的能力与优势。

(二)物流供应链服务

1. SSS 平台

平台功能齐全,优势明显,面向物流服务需求方和物流服务提供商,提供满足客户从物流方案到物流计划的所有需要的、可灵活搭配的解决方案(见表10-1)。操作者可以根据喜好实现个性化设置界面,可以一键发布、一键筛选、一键报价、一键确认,也可以直接上传文件或委托平台代理。平台根据业务需要,匹配不同功能和流程,支持在线审批,供需双方同步在线。

表 10-1 共生 SSS 平台功能

对象	功能点	描述
物流服务需求方	寻求解决方案	发布物流需求公告,在平台上寻找专业的物流解决方案
	寻求供应商	发布招标需求公告,平台推荐优质供应商,实现精准匹配
	在线招标	通过平台完成招标,实现数据安全,操作便捷,过程透明
	在线代运营	平台物流服务提供商代运营服务, 平台为客户提供物流技术服务

续表

对象	功能点	描述
物流服务提供商	提供解决方案	可提供物流专业解决方案
	寻求项目	可以免费查看平台物流需求方发布的招标项目
	在线投标	可以在平台进行公平、公正的在线投标
	在线代运营	为平台需求方提供代运营服务方案和线下服务

2. 共发展平台

为中小物流企业提供销售支持服务，例如方案策划、项目销售、业务运营咨询、品牌营销等。项目提供方、共生平台、项目运作方采用毛利分享机制，保证项目成功率。前期靠人工识别能力与需求，逐步积累数据，依靠数据更好、更公平的匹配需求与能力，报价更准确，方案更有针对性，提高项目成功率和赢利能力。

(三)SaaS 软件服务

提供智能预警、可视化管理、合同计价引擎、上下游开放协作等功能，打造平台型组织。结合"共好运"App 实现运输过程中实时监控，多端数据连接、实现同步；运输轨迹、运输异常事件、操作事件及处理结果、回单数据实时推送；根据上下游合同自动预估成本或收入，从整体、客户、单车等维度进行多维度盈利分析，实现智能高效核算。

第五节 西安货达网络货运平台

一、企业概况

西安货达网络科技有限公司(以下简称"货达网络")创立于 2015 年 2 月，是首批国家级无车承运人试点企业。作为高新技术企业与双软认证企业，货达网络目前拥有大宗物流相关知识产权 30 多项，公司依托陕甘宁蒙晋区域内富集的矿产资源优势，自主研发设计了大宗商品智慧供应链系统，通过智能连接以煤炭为主的上下游煤矿、煤场、电厂、焦化厂、铁路集运站等业务主体，车辆、司机、信息部、物流公司等运力主体，解决大宗商品供应链全程多方协同的工作难题。目前，货达智慧供应链系统主要由网络货运 SaaS 平台、智能运销系统、燃料调运系统、TMS 运输管理系统、无人值守称重系统、远程自动化装车系统等组成。

二、业务简介

(一)业务规模

货达网络旗下运营了"货大大"物流平台、"煤大大"煤炭信息两大平台，自主研发了煤矿、集运站、货主、经纪人、司机等多角色 SaaS 平台，建立了货达物流云管理系统，实现了合同、运单、定位、结算、税票等模块的连通，为货主提供找煤、找车、资金、结算、开具税票等一站式承运服务。

公司成立 6 年以来，业务迅速覆盖榆林市一区三县，目前注册车主数量已达到 30 000 人，占整个榆林地区拉煤车的 30%以上；服务货主近 2 500 名，合作信息部 500 余家；合作车辆超过 5 万辆，日撮合成交近 700 车次(2.5 万吨)；在超过 100 个煤矿派驻人员实现驻矿服务，辐射榆林各区县煤矿 263 家，下游卸货地站点 1 019 个，发货路线逾 2 000 条，成为了一张榆林煤炭运输的大数据地图。2019 年全年承运收入约 9 亿元。

同时积累了一批如榆林煤炭交易市场、陕煤交易中心、冀东水泥、山西能源、淮北矿业等一系列的大型优质客户。未来公司以煤炭物流为切入点，逐步涉猎化工、塑料、建材等大宗领域，努力促进互联网与物流深度融合，大力推动物流行业降本增效，服务物流供给侧结构性改革和国家经济的转型升级。

(二)平台架构组成

"货大大"平台设计主要涉及三大产品线：货主端(App/PC 端)、司机端

(H5/App)、后台管理系统(客户服务人员后台管理系统、销售人员 CRM 管理系统)；综合提供客户服务人员、销售人员、托运企业、企业员工、承运车辆设计等功能。

1. 货主发货管理

基于公司大数据平台，"货大大"为货主提供一站式承运服务，包括发布货源、指派车辆、在途监管、运费结算、台账统计等。司机可以通过平台进行筛选货源、预订货源、确认装车、确认卸车、上传单据、收取运费等操作，逐步实现运输全流程在线化、数据化管理，实现货源、合同、运单、定位、支付、税票等服务模块的统一与贯通。

货主端主要面向的用户群体是货主，即托运人，主要包含以下九个功能模块：实名认证、货源托运、运单查询、结算与开票管理、钱包管理、台账管理、经营分析、人员权限管理、增值服务。

2. 司机端管理

司机端的主要用户是实际负责拉运的车辆，主要包含八个功能模块：实名认证、货物承运、路线规划、运单管理、结算管理、钱包管理、账单管理、增值服务。

3. 平台后台管理

平台后台管理系统主要面向的用户群体是平台内部员工，例如财务人员、客服人员、销售人员，"货大大"可通过信息化平台在线管理内部员工的工作内容。

三、重点服务内容

(一)货源车辆整合

货达物流通过线上和线下相结合的方式，摸索出了一套适用于大宗商品领域无车承运模式下的货主和司机的服务体系,持续将货主和司机纳入平台,围绕着货源组织和车辆整合,建立了一套货主和司机精细化管理办法,为货主提供一站式承运服务。运营体系包含专线运营、智能匹配、周期跟踪、评价体系等几方面的内容。

(二)专线运营

对货主和司机都进行专线运营,根据货主的发货记录自动同步常发路线,根据司机的接单记录同步司机的常跑路线,专线由专人负责。一般司机会有1~2条常跑路线,部分司机会有3条以上的常跑路线。在常跑路线范围内,司机会通过运费、装卸费、是否排队、装货难易程度等因素来综合对比选择。

(三)智能匹配

平台综合司机的常跑路线、运输习惯、拉货周期、熟货主等因素,有重点、有方向地给专线司机进行货源智能匹配;平台也可以通过货源匹配司机,大大提升了找车的效率。

司机也可以自主通过司机端App、微信服务号按照常跑路线、熟货主和目的地自主快速查找合适的货源。司机可以根据其常跑地自动订阅货源,系统也可以根据实时监控司机的运行轨迹,在到达某一区域系统会通过司机轨迹判断距离,为其智能推送附近的货源。

(四)周期跟踪

由于货主和司机都有专线属性,因此他们发货和拉货也都有一定的周期性和规律性。平台数据库根据货主和司机的发货、接单记录和周期自动提醒销售人员跟踪时间。

(五)完善评价体系

"货大大"根据货主和司机的合作次数、投诉率等因素建立对他们的评价体系,包括等级和积分体系,并在此基础上不断完善。

(六)完善监管风险

货达物流通过技术手段(App/基站/GPS 定位),实现对司机运输过程的监管,后台可以实时查看司机位置。如果司机的路线发生偏离,系统可以自动报警。另外平台和保险公司合作为货物投保货运险,一旦因为事故发生损失,保险公司就会进行赔付。

第六节 山西快成网络货运平台

一、企业概况

山西快成科技有限公司(以下简称"快成科技")创办于 2020 年 4 月,是全国首批 5A 级网络货运平台企业。快成科技服务的客户包括晋能集团、阳煤集团、宝丰集团、建龙钢铁等国内产业龙头,数字物流服务网络已遍布全国 18 个省(自治区、直辖市)。目前,快成科技共有员工近 500 人,其中研发人员近 150 人。

二、业务简介

(一)业务规模

快成科技专注大宗商品流通行业,业务以山西省、内蒙古自治区、陕西省为核心辐射全国,在全国设立业务分支机构近百个,卡车后市场消费和供应链金融服务业态快速增长。快成科技将构建基于数字化的多元赢利模式,网络货运和科技服务生态业务互为支撑,成为国内最有产业影响力的大宗商品流通科技产业集团。

经过四年多的发展，快成科技共整合社会车辆 66.5 万辆，注册司机 68.2 万名，注册货主 2.9 万名，累计承运货物 68.8 万吨，累计运费收入规模超过 369 亿元，平台累计纳税额 32 亿元，2018 年收入规模较以前年度大幅提升，已达 66.7 亿元，平台单月运输收入首次突破 10 亿元大关。2019 年收入规模突破 126 亿元，较上一年度，营业收入增长 89%，增幅十分显著。截至 2020 年底，公司全年物流收入规模为 107 亿元。

(二)业务模式

快成科技以向大宗企业提供智慧货运服务为切入点整合海量货车运力，对物流运输履约和交易结算全链条中的"场—货—车"进行数字化、标准化重构，并打造快成数字大脑解决大宗货运调度、定价和风控等痛点，满足大宗企业物流效率升级需求。此外，公司向上下游企业、司机、商户提供在线服务，包含油气、轮胎、整车销售等卡车后市场服务，以及司机经营性贷款、运费保理等供应链金融服务等(见图 10.6)。

图 10.6　快成科技货运在线管理和服务平台

(三)平台架构组成

1. 网络货运平台

快成科技以网络货运业务为抓手,围绕平台用户货主、司机、入驻商户,开发快成科技 App/Web、快成司机 App、快慧通、客商管理系统、快乐驾等多款应用端产品,实现全角色参与,相互协同。

货主通过快成科技应用端(App/Web)进行货源发布,货车司机通过快成司机 App 寻找最优货单并成单,整个过程信息公开透明,提升车货匹配效率。除此之外,平台还为货主提供运单管理、运费结算、轨迹监控等功能,便于大宗商品运输的整体分配与调度,提升企业物流效率。为司机提供运费结算、挂车审验等服务,帮助司机更好地使用平台获取收益。同时平台实现了合同、货单、订单等线下实体的数字化,搭建"物流大数据平台",实现统计、分析、预警等功能,满足企业和政府对物流过程的监管需求。

2. "快慧通"智慧物流管理系统

"快慧通"智慧物流管理系统(见图 10.7)是一款针对大宗商品相关企业开发的智能信息化管理系统,对车辆入/出厂过程进行数字化管理。系统采用"3+7+1"管理模式,依托快成科技、快成司机、快乐驾三个移动端生成订单与轨迹,为企业提供合同管理、客商管理、排队管理、磅房管理、仓储管理、化验管理、结算管理等七大功能模块,能够有效提升企业物流效率。系统上线后,厂区内的物流相关人员可减少 60%,平均每个厂区节约人力成本 15 万元,车辆进出场时间从 30 分钟缩减到 10 分钟,进出场效率提升 67%,降本增效的同时降低了生产作业的安全隐患,提升车辆入/出厂的管理效率。

3. 快乐驾——车载智能终端

快乐驾是由快成科技自主研发的智慧物流车载终端,在快成大宗物流服务生态的重要环节,快乐驾采用 GPS+北斗双模高精定位,结合载途预警平台,可实时监控车辆位置,查看车辆历史轨迹,前后双录抓拍车辆视频/图片,内置 ADAS 防碰撞技术，结合 AI 智能语音，可解放双手安全驾驶，内置 G-sensor 可监测车辆行驶方向、速度，真正做到拉运实时监控，为企业保证货物安全。

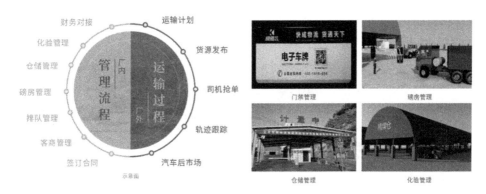

图 10.7 "快慧通"智慧物流管理系统

4. 卡车后市场消费、供应链金融服务

基于快成科技在卡车后市场业务、供应链金融业务战略布局，开发快福宝 App、快乐购、快友金租、快富条、快福金贷等产品，为全产业链输出赋能。

1) 卡车后市场消费

快乐购和快福宝是基于后市场业务开发的产品，其中快乐购为快成司机 App 内嵌 H5，快福宝为商城入驻商户 App。快成科技通过整合运输市场全产业链资源，将购置车辆、中途运输、维修服务等众多运输环节囊括进自身的发展业务中，并将各地加盟公司、炼油厂、加油站、银行、司机等众多产业链上的市场参与者紧密联系起来，实现平台汽车后市场集中采购和线上支付，打造一个以支付+LBS 为核心的强大的生态闭环，为司机提供高品质、低价格的油气、配件与维修保养等服务(见图 10.8)。

2) 供应链金融服务产品

整个大宗商品物流链条中个体户和小微企业占绝大多数，难以获取正规金融机构信贷支持。快成科技与权威金融机构、大型数字金融科技企业合作，打造快成金服产品群(见图 10.9)，为物流全链条提供数字金融服务，解决了个体户和小微企业难以获取信贷支持的问题。金融服务主要包括快成网贷(货主运费保理)、快富条(司机消费金融)、快友金租(司机购车融资租赁)、快福金贷(商城商户信贷)。

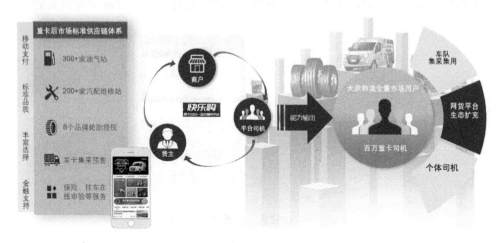

图 10.8　快成科技卡车后市场业务

图 10.9　快成金融科技数字平台

5. 快成科技大数据平台

基于快成科技的"网络货运业务+卡车后市场业务+快成金服业务"整个业务链运营过程中产生的数据搭建"快成科技大数据平台"为企业和政府提供定

制化服务，可对物流过程进行监管，实时掌握运输量、运输金额、运输轨迹等信息。对于超载和运输安全等问题，平台自动进行预警，确保监管部门第一时间发现问题并快速响应。除此之外，运输合同完成后，平台自动核算贸易合同量、运输合同量、实际运输量、发票开具金额等数额是否匹配，规范企业的纳税行为。

三、重点服务内容

平台业务范围涵盖"数智货运""数智物流管理""数智消费""数智金融""物流大数据服务"以及"道路货物运输行业工业互联网标识解析二级节点"六大业务板块。

(一)数智货运

整合运力资源，基于大数据分析和人工智能算法，实现车货的智能匹配，降低车辆空驶率。

(二)数智物流管理

快成科技借助 5G、人工智能等技术，自主研发快成物流 App、快成司机 App、快福宝 App、快乐购 App、客商管理系统、快慧通系统、快乐驾、大数据平台等产品，帮助货主与司机在车货方面实现有效匹配，提高货物运输效率。

利用"快乐购"实现卡车消费的一站式线上 O2O 服务平台，提升拉运效率，降低运输成本；实现油气、轮胎、维修、车辆维护等商家入驻商户平台，增加司机对快成科技的黏性。利用"快慧通"产品，实现对上游企业厂内管理、厂外物流的精准控制，帮助上游企业实现降本增效的发展目标。通过安装"快乐驾"，确保对货物的可视化跟踪与监管，保障货物安全。

(三)数智消费

针对柴油、液化天然气(LNG)、轮胎、机油、机滤、配件、购车、保险、移动服务车等品类，采取集采分销策略，品牌配件低价直供，提供专业品质保障。整合油气资源、优质维修保障、信息数据精准引流，提供一站式卡车后市场服务。为油气、轮胎、维修、车辆维护等商家搭建电子商务平台，助力物流产业链中小企业链接平台，降低企业数字化转型成本。

(四)数智金融

利用区块链技术和大数据分析，制定信用评价和金融风控体系，打通融资渠道，为全产业链参与主体提供线上便捷融资服务。是与京东科技、光大银行合作，针对特定物流场景，为货主、企业量身定制的一款以运费垫资为主的金融产品，缓解因为回款存在账期导致的资金周转压力。与光大银行、中信银行合作，为加油加气站、车辆维修站等提供经营信贷服务，帮助平台商户更好地进行经营活动。

(五)物流大数据服务

在平台大数据应用过程中，整合推出包括"物流运价指数"在内的多种物流咨询服务，为车辆线路优化、相关产业布局优化提供强大的大数据支撑。依托公司网络货运平台真实、实时的成交数据，对主产地重点线路运价进行指数化处理，形成可以反映大宗商品运输价格水平和价格波动情况的指数体系，内容包括区域运价指数、重点煤焦物流线路运价、物流市场及时资讯、行业研究报告等内容。通过搭建大宗物资整车运输价格指数，实现运输价格的精细化监控，为政府、物流行业参与者提供多维度的、符合价格规律的价格波动数据，防止物流行业的价格欺诈行为。

(六)道路货物运输行业工业互联网标识解析二级节点

2020 年 11 月快成科技获批全国首个物流业工业互联网标识解析二级节

点，公司将承接节点的建设与运营，负责平台的搭建、维护和应用推广，向上对接标识解析国家顶级节点，向下对接企业标识节点及应用系统，为产业链上下游企业提供标识分析、标识编码规划和分配、标识注册接入、标识解析测试验证、标识维护等相关服务。

工业互联网标识解析二级节点(道路货物运输行业快成物流)将按照"三个平台、三个系统、一个终端、多个应用"来规划，打通行业信息壁垒，构建全链条的物流追溯体系，推动数智物流新生态繁荣。以企业应用场景为例，快成科技基于工业互联网标识为大宗商品企业定制化打造智慧物流管理系统——快慧通，系统采用互联网、物联网、5G、云计算、人工智能等技术手段，为进厂车辆安装具有唯一编码的 RFID 电子车牌，与快成司机 App 进行绑定，成为电子运输订单实时获取的载体，与企业 CRM、WMS 等系统进行实时数据对接，从而形成物流各环节完整的生态产业链，实现企业厂内管理与厂外物流的数字化精准管控。节点正式上线运营后，将在山西省率先带动物流业工业互联网标识解析二级节点的建设应用，依托该二级节点建设，加快构建和培育工业互联网产业生态，实现道路货物运输行业标识统一，做到"一车一码""一物一码""一码到底"，实现货物的追本溯源以及数据的共享集成，降低物流中小型企业接入工业互联网平台的建设成本，努力实现跨地域、跨行业的企业标识在山西省聚集，赋能实体经济转型升级和高质量发展。

第七节　上海天地汇网络货运平台

一、企业概况

上海天地汇供应链科技有限公司(简称"天地汇")成立于 2013 年 11 月，该公司定位在以互联网和技术手段赋能公路物流行业，聚焦公路货运整车及大票零担市场。天地汇平台主要联合上游物流企业会员和下游司机会员，组织他们按照一定的服务规范和标准为制造业和商贸流通业的货主提供高效、优质、低成本、安全的服务,并承担服务责任。因此,在运营管理和组织调度上有深度的参与和把控,以不同于传统做法的方式创新打造了中国领先的公共承运网络平台。

二、业务简介

(一)业务规模

天地汇依托大数据驱动的线上线下平台,整合零散货源及运力,致力于为干线运输提质、降本、增效,重构中国公路物流的供给和组织方式,搭建物流生态圈,已成为中国领先的公路货运服务平台之一。该平台物流企业会员超过6万家,司机会员近70万人,公司员工780人,是中国目前少数几家"双5A企业"(5A级网络货运企业和5A级道路运输企业)之一。

(二)平台架构组成

天地汇的商业本质是"天网共享、地网互联、车网互通、生态共赢",核心在于打造"天网、地网、车网"三张网。天地汇以供应链协同为基础,以线下园区为基础管理单元,通过互联网、移动互联网、物联网、云计算等信息技术手段进行线上线下的联动,实现园区与园区之间互联互通,进而构建全国园区之间的高效车网与运输服务体系,最终实现三网联动的物流生态体系。

1. 天网

天地汇自主研发的互联网云服务平台,是基于地网及车网业务的综合化、智能化、协同化的信息化中心。"天网"平台主要包括公路物流信息管理系统,主要由以天地卡航调度订单管理为主的甩挂业务管理系统、以快车货运为主的无车承运系统、以小贷及结算支付为主的金融管理系统、以 BI 为主的分析决策系统组成。

2. 地网

连接全国物流节点城市形成的天地汇高级干线网络"地网",打破了传统孤岛园区的弊端,形成物流资源在地网平台上的高效流转和共享,使所有会员在整个地网中享受各类标准的产品和服务。地网的形成将有效解决两端货源不对等的情况,使真正意义的全国范围网络型甩挂运输方式成为可能。

3. 车网

"车网"是基于地网形成的车辆运输网络。一方面通过"天地卡航"产品以甩挂运输方式,提升车辆整体效率及降低成本,从而为会员提供更高效优质的运输服务;另一方面通过"天地快车"产品以货运外包的无车承运方式向会员提供经济快捷的整车运输服务,交易量与服务品质均保持行业领先。

三、重点服务内容

该公司主要产品为天地优卡(数字网络货运)、天地快车(快车货运外包)、天地卡航(高级干线网络运输)、天地大票(零担拼货产品)、生态金融赋能服务。

(一)天地优卡

天地优卡是集交易、鉴证、结算于一体的网络货运平台。天地优卡主要负责为平台会员提供相关的物流信息服务,主要包括运输交易与管理数字化;身份及业务合理性校验以及业务真实性鉴证服务;提供合法真实的完整税务链的服务。

(二)天地快车

天地快车在线货运外包承运服务。天地快车主要负责联合平台上下游会员为货主提供真实、可靠的货运外包承运服务,主要包括交易服务,运力匹配,全过程管理,服务质量保障和承担运输责任与风险,为货主提供直接的外包服务;特别是基于行业属性提供具有针对性、创新性,质量稳定的承运解决方案,例如 API、IoT 等。

(三)天地卡航

天地卡航提供高品质的标准化整车运输服务。其主要负责联合平台会员，打造基于干线核心网络的、以效率和服务品质为核心竞争力的高级物流货运服务平台，主要包括以国家级物流节点城市为连线构建骨干网络；以甩挂运营、车队合作为主的运营方式，结合骨干网络的货源聚集效应形成降本增效能力；为客户提供准时、高效、优质和安全的物流服务。

(四)天地大票

天地大票是网络化一站式大票服务。天地大票是天地汇作为第四方物流平台，以天地卡航网络为基础，联合平台优质专线会员，为第三方物流公司提供高服务品质、货物全程可视、一站发全国的大票零担服务产品。

(五)数智生态

金融增值全面赋能平台用户。天地汇围绕干线运输、园区运营、网络货运的业务场景和干线运输中的交易环节，提供线上与线下、共享与闭环的物流金融全面解决方案，通过提升各类会员的融资能力和现金管理能力，提升其核心竞争能力。同时，利用平台自身的信息处理、分析、整合以及"云数据"的优势，提供会员金融成长计划，为不同等级的会员提供定制化的金融普惠解决方案，彻底破解物流企业融资难题。

思 考 题

1. 本章介绍的这些典型网络货运平台分别具有什么特色？
2. 我国还有哪些有影响力的网络货运平台？

参 考 文 献

[1] 顾敬岩. 道路货运产业特征与市场结构研究[D]. 西安：长安大学，2014.
[2] 魏娟，邢占文. 我国道路货物运输组织演进过程及发展趋势[J]. 商业时代，2013(21)：46-48.
[3] 赵新桐. 传统道路货运业向现代服务业转型的组织形态研究[D]. 西安：长安大学，2008.
[4] 魏娟. 道路货物运输中间性组织模式与效益研究[D]. 北京：北京交通大学，2011.
[5] 刘任杰. 物流信息部运营模式与发展趋势[J]. 物流工程与管理，2012，34(4)：36-37.
[6] 潘永刚，杨叶龙. 2020 年中国网络货运平台运营和发展报告[R]. http://www.logclub.com/front/lc_report/get_report_info/106.2020.
[7] 杨叶龙. 光头杨谈网络货运[EB/OL]. http://www. logclub. com/articleInfo/MjE3NjU= Bureau of Transportation Statistics(BTS). Transportation Statistics Annual Report (TSAR)[R]. 1995.
[8] 岳梦蝶. 美国"无车承运人"发展经验分享[J]. 中国物流与采购，2017(11)：43-45.
[9] 李敬泉. 中国无车承运人业态发展研究[M]. 南京：南京大学出版社，2017.
[10] 刘斌. 放松管制与可持续发展——日本物流政策法规研究[J]. 上海商业，2003(2)：63-65.
[11] 冯耕中，吴勇，赵绍辉. 物流公共信息平台理论与实践[M]. 北京：科学出版社，2015.
[12] 王蕾，蔡翠，肖荣娜，裴爱晖，叶静. 新时期物流公共信息平台的建设与发展[J]. 中国交通信息化,2018(5):30-33+87.
[13] 王瑾. 物流公共信息平台运营模式研究[D]. 西安：长安大学，2014.
[14] 陈辉. 八挂来网："互联网+物流"全国首创者[N]. 河南日报，2016-8-9(1).
[15] 王蓓蓓，崔杰. 公路货运车货匹配研究综述[J]. 价值工程，2019，(17)：282-284.
[16] 谢代国. "互联网+"的车货匹配平台发展现状与思考[J]. 现代企业，2017(11)：44-45.
[17] 交通运输部. 《关于推进改革试点加快无车承运物流创新发展的意见》(交办运〔2016〕115 号).
[18] 金忠旭，郭跃显. 基于"互联网+"的"无车承运人"物流模式研究[J]. 石家庄铁道大学学报(社会科学版)，2017，11(?):6-11.
[19] 陈波苣. 我国无车承运人发展现状与建议[J]. 交通世界，2017(27)：7-9.
[20] 张藤予. 无车承运人物流信息平台的设计与实现[D]. 北京：北京交通大学，2018.
[21] 从无车承运人到网络货运平台[EB/OL]. 雅新律师，2021.

[22] 网络货运平台"祸福论"系列报道之二|被约谈的货运平台路在何方[EB/OL]. 中国汽车报, 2020.

[23] 王丹丹. 关于网络货运经营的分析[J]. 中国物流与采购, 2020(18): 50-52.

[24] 经过1年发展, 网络货运还有哪些成长的烦恼? [EB/OL]. 路歌互联网物流平台, 2021.

[25] 网络货运平台的困局与突围, 致敬网络货运平台开拓者[EB/OL]. 网络货运平台指南, 2021.

[26] 胡伟钰. 基于"互联网+"时代的无车承运人运行模式的现状与发展趋势研究[J]. 河南科技, 2019(17): 103-105.

[27] 网络货运平台五大发展趋势[EB/OL]. 和君咨询, 2020.

[28] 网络承运平台的未来怎么走[EB/OL]. 运联智库, 2019.

[29] 2020年网络货运大行其势, 对司机、企业、政府到底有多大价值? [EB/OL]. 物运行云货运平台, 2020.

[30] 评估办. 关于发布第一批网络货运平台A级企业名单的通告[EB/OL]. http://www.chinawuliu.com.cn/lhhzq/202009/25/528505.shtml, 2020-9-25.

[31] 中国物流与采购网. 好运联联获评中物联"5A级网络货运平台"企业[EB/OL]. http://www.chinawuliu.com.cn/zixun/202010/21/530336.shtml, 2020-10-21.

[32] 中国物流与采购网. 沄柏资本助力物泊科技, 开创智慧物流新蓝图[EB/OL]. http://www.chinawuliu.com.cn/zixun/202010/30/531088.shtml, 2020-10-30.

[33] 无车承运. 网络货运下半场如火如荼, 还没上车的企业要抓紧[EB/OL]. http://www.chinawuliu.com.cn/zixun/202011/24/533790.shtml, 2020-11-24

[34] 中国物流与采购网. 中原大易科技有限公司: 大易物流"无车(无船)承运人服务平台"[EB/OL]. http://www.chinawuliu.com.cn/xsyj/202003/04/494779.shtml, 2020-3-4.

[35] 上海天地汇供应链管理有限公司. 上海天地汇供应链管理有限公司: I配货货运信息交易平台[EB/OL]. http://www.chinawuliu.com.cn/xsyj/201501/09/297395.shtml, 2015-1-9.

[36] 中国物流与采购网. 德邻陆港(鞍山)有限责任公司: 德邻陆港智慧供应链服务平台[EB/OL]. http://www.chinawuliu.com.cn/xsyj/201911/15/345405.shtml, 2019-11-15.

[37] 评估办. 全国第二十五批A级物流企业名单公示[EB/OL]. http://www.chinawuliu.com.cn/lhhzq/201801/26/328198.shtml, 2018-1-26.

[38] 评估办. 关于发布第二十六批A级物流企业名单的通告[EB/OL]. http://www.chinawuliu.com.cn/lhhzq/201808/22/334146.shtml, 2018-8-22.

[39] 亿欧. 共229家!无车承运人试点考核合格企业名单公布[EB/OL]. http://www.chinawuliu.com.cn/zixun/201802/13/328723.shtml, 2018-2-13.

[40] 李乔宇. 长久物流旗下天津长久智运获天津首批网络货运牌照[EB/OL]. https://mp.weixin.qq.com/s/ur7FQycEsH2jlfSKdVykqg, 2020-3-16.

[41] 长久物流. 热烈祝贺长久智运入围"2021 网络货运平台 Top10 榜单"[EB/OL]. https://mp.weixin.qq.com/ s/Qbv8V18Q045yv-JjmEgIRw, 2021-11-19.

[42] 中国卡车网. 万和通物流以自己的方式, 保障运输动力为抗疫"加油"! [EB/OL]. https://mp. weixin.qq.com/s/ztFpD4D-uE_DkLZrqD6a8Q, 2020-2-24.

[43] 新疆网络货运之家. 网络货运平台的三大分类, 平台企业盈利靠什么? [EB/OL]. https://mp.weixin.qq.com/s/iVGFf51pwnXXSE6tt1_A4A, 2021-10-29.

[44] 无锈钵. 公路货运下半场, 双擎增长铸就福佑卡车"护城河"[EB/OL]. https://mp.weixin.qq.com/s/-HrPI_JkYC6zYpl7PvWCWw, 2021-10-9.

[45] 中国物流与采购网. 无车承运人应用案例——上海胖猫物流有限公司(找钢网)[EB/OL]. https://mp.weixin.qq.com/s/EJYaVJjWoHeyQ3K59mPmtw, 2019-03-5.

[46] 网络货运平台指南. 网络货运平台的冬天就要来了吗? [EB/OL]. https://mp.weixin.qq.com/ s/59_j5xoWLY1sWEZZUpnLTg, 2021-11-6.

[47] 瑞恩资本 RyanbenCapital 福佑卡车, 或搁置美国 IPO、转道香港上市[EB/OL]. https://mp.weixin.qq.com/s/pMnWBB1lWSkvIcEYTBq7aQ, 2021-9-24.

[48] 美股研究社. 一文读懂福佑卡车赴美上市: 货运赛道龙争虎战, 上市有啥底牌? [EB/OL]. https://www.36kr.com/p/1258029598640393, 2021-6-7.

[49] 商业数据派. 深度: 上市、暴雷, 网络货运为何根同末异? [EB/OL]. https://www.headscm.com/Fingertip/dctail/id/25058.html, 2021-11-26.

[50] 网络货运平台指南.干货: 网络货运平台如何在风险管控和收益扩张之间找到平衡? [EB/OL]. https://www.headscm.com/Fingertip/detail/id/24566.html, 2021-11-10.

[51] 网络货运平台指南. 深度: 反思网络货运平台, 谁将在洗牌中胜出? [EB/OL]. https://www.headscm.com/Fingertip/detail/id/22628.html, 2021-8-19.

[52] 大易科技. 2020 网络货运平台综合排名 TOP10 中大易科技名列前 4[EB/OL]. https://www. 163.com/dy/article/GMRLTFI70552G3LU.html, 2021-10-21.

[53] 交通运输部. 交通运输部办公厅关于印发《网络平台道路货物运输经营服务指南》等三个指南的通知 [EB/OL]. http://www.gov.cn/zhengce/zhengceku/2019-09/27/content_5455974.htm.

[54] ZAKER 汽车. 网络货运如何发挥市场配置资源的决定性作用[EB/OL]. https://www.360kuai.com/pc/9572d584aba17d4ae?cota=3&kuai_so=1&sign=360_57c3bbd1&refer_scene=so_1.

[55] 契约锁电子签章电子合同.网络货运平台借助电子签章, 推动全程网签货运文件[EB/OL]. https://www.163.com/dy/article/G70H2ADF0518TQDL.html.

[56] 搜狐. 网络货运平台结合 GPS 定位技术实现运输轨迹可视化[EB/OL]. https://www.sohu.com/a/411959903_365259.

[57] 东奥. 核销是什么[EB/OL]. https://www.dongao.com/zckjs/kj/202006113171649.shtml.

[58] 360百科. 对账[EB/OL]. https://baike.so.com/doc/2283659-2415802.html.

[59] 360百科. 账户明细查询[EB/OL]. https://baike.so.com/doc/7849447-8123542.html.

[60] 物润船联. 网络货运申报即将启动！如何搭建网络货运平台？[EB/OL]. https://zhuanlan.zhihu.com/p/97216724.

[61] 360百科. 咨询服务[EB/OL]. https://baike.so.com/doc/6400340-6613998.html.

[62] 雷数知道. 关于网络货运平台，你了解多少？[EB/OL]. https://zhuanlan.zhihu.com/p/265146714.

[63] 中国网. 网络货运平台：打造"信用堡垒"，助力现代流通体系建设[EB/OL]. http://www.cnr.cn/rdzx/cxxhl/zxxx/20201123/t20201123_525339155.shtml?ivk_sa=1023197a.

[64] 云链智运. 网络货运平台发展现状：现状、难点及解决方向全了解[EB/OL]. https://mp.weixin.qq.com/s/Uj49VoTV4l92_7gE1cVsIA.

[65] 快成物流. https://www.kcwl.com/.

[66] 路歌物流——合肥维天运通信息科技股份有限公司. https://www.logory.com/.

[67] 罗戈研究——网络货运平台发展政策解析. https://www.logclub.com/articleInfo/MjE2NTU=.

[68] 宋华. 供应链金融[M]. 北京：中国人民大学出版社，2015.

[69] 网经社. 中国电子商务研究中心. 物流平台现状、商业模式、未来判断[EB/OL]. http://b2b.toocle.com/detail--6405893.html, 网经社，2019-2-10.

[70] 景峻，冯林，宋晓丽. 基于产业生态平台的供应链金融模式研究：理论分析与案例实证[J/OL]. 金融发展研究：1-8[2021-3-7]. https://doi.org/10.19647/j.cnki.37-1462/f.2021.2.010.

[71] YI-XUE L I. Risk assessment of supply chain finance[J]. Journal of Central University of Finance & Economics, 2018, 42(10): 36-41.

[72] 中国物流与采购联合会物流金融专业委员会. 中国物流与供应链金融发展报告(2017)[M].北京：中国财富出版社，2017.

[73] 储雪俭.科技+金融+供应链：金融风控增信新模式[EB/OL]. https://mp.weixin.qq.com/s/Xu Vah VWOCe3h KqbWt Dk W2w, 万联网，2019-2-10.

[74] YUN G, YALCIN M G, HALES D N, et al. Interactions in sustainable supply chain management: a framework review[J]. International Journal of Logistics Management, 2019, 30(1): 140-173.

[75] 罗蕾. 拉货宝供应链金融产品设计与实施[D]. 成都：电子科技大学，2019.

[76] 尤美虹，骆温平，陶君成. 无车承运人及货运平台监管调查分析[J]. 中国流通经济，2019，33(8)：45-53.

[77] 汪琼枝，马永传. 基于决策树的无车承运人平台货运任务定价模型[J]. 皖西学院学报，2020，36(5)：42-46.

[78] 王轲. 无车承运人平台的竞价策略研究[D]. 南京：南京大学，2020.

[79] 王娜. 黑龙江省道路货运运力结构优化研究[D]. 哈尔滨：东北林业大学，2006.

[80] 360 百科. 运力[EB/OL]. https://baike. so. com/doc/9827129-10174007. html.

[81] 刘芮. 公路货运市场电子商务平台新模式研究[J]. 中国市场，2015(7)：98-99.

[82] 叶怀珍. 现代物流学[M]. 北京：高等教育出版社，2003.

[83] 马银波. 我国公路货运结构现状分析与调整对策[J]. 综合运输，2001(3)：1-5.

[84] 王晓迪. 中国第三方物流市场环境研究[J]. 商场现代化，2010(32)：75-76.

[85] 傅忠宁. 道路货运业市场行为分析与运力结构调整[D]. 长春：吉林大学，2008.

[86] 2019 运力大会展播.贺登才：当前物流业发展特点及打造"品质运力"的思考[EB/OL]. https://mp.weixin.qq.com/s/Gvcd87qfb7uQYLFQXhNR0w, 2019-6-30.

[87] 李潇. 零售类电商自营物流城市服务网点选址优化研究[D]. 北京：华北电力大学(北京)，2018.

[88] 车队绩效考核表[EB/OL]. https://www.docin.com/p-717276488.html.

[89] 与自营物流相比第三方物流有何优缺点 [EB/OL]. https://wenku.baidu.com/view/d3892ad5ee06eff9aff80734.html.

[90] 360 百科.模糊综合评价法[EB/OL]. https://baike.so.com/doc/5421682-5659870.html.

[91] 国家交通运输物流公共信息平台.网络货运企业名单汇总[EB/OL]. https://q.eqxiu.com/s/mRsayL5x?share_level=1&from_user=2022010736254c26&from_id=80a0e060-b&share_time=1641540822182.

[92] 网络货运新视角. 网络货运发展情况的六大特点[EB/OL]. https://www.sohu.com/a/462071113_120845728.

[93] 中国经济信息社. 网络货运平台发展调研报告(2020)[EB/OL]. http://ceis.xinhua08.com/.

[94] 网络货运平台指南.交通运输部公布：1755 家网络货运企业第三季度完成运单 1657.6 万单[EB/OL]. https://mp.weixin.qq.com/s/9MHsrPFU5R5i4ZytkcDJBQ.

[95] 网络货运平台指南. 网络货运一定要看：关于网络货运平台监测情况的通知文件解读 [EB/OL]. https://mp.weixin.qq.com/s/KiLXTxVlJ2JoXbJO4ZFFTA.

[96] 网络货运前沿.2021 年最新全国申报网络货运企业名单，看看有没有你家！[EB/OL]. https://www.sohu.com/a/460643404_120845747.

[97] 天津市交通运输委员会.我市网络货运集约化规模经营初见成效 [EB/OL]. http://www.tj.gov.cn/ sy/zwdt/bmdt/202102/t20210203_5347198.html.

[98] 天津市交通运输委员会. 天津市道路运输管理局关于 2021 年 11 月全市网络货运企业经营运行监测情况的通报[EB/OL]. http://jtys.tj.gov.cn/ZWXX2900/TZGG2982/202112/t20211217_5754076.html.

[99] 天津市交通运输委员会.市交通运输委国家税务总局天津市税务局关于联合开展网络货运企业事中事后监管工作的通知[EB/OL]. http://jtys.tj.gov.cn/ZWGK6002/ZCWJ_1/WZFWJ/202102/t20210219_5359612.html.

[100] 山东省交通运输厅. 我省网络货运持续健康发展[EB/OL]. http://jtt.shandong.gov.cn/art/2020/6/8/art_12459_9185509.html.

[101] 山东省交通运输厅. 临沂市着力打造城市绿色货运配送发展"临沂样板"[EB/OL]. http://jtt.shandong.gov.cn/art/2021/4/1/art_12459_10289119.html.

[102] 网络货运平台指南. 蓬莱区交通运输局深入企业推广应用网络货运平台[EB/OL]. https://mp.weixin.qq.com/s/7OecO-0fwS3PgUz32MJenw.

[103] 江苏省交通运输厅. 我省加强网络货运经营管理规范[EB/OL]. http://jtyst.jiangsu.gov.cn/art/2019/12/25/art_41904_8857254.html.

[104] 江苏省人民政府. 省政府办公厅关于印发江苏省"十四五"现代物流业发展规划的通知[EB/OL]. http://www.jiangsu.gov.cn/art/2021/8/10/art_46144_9970885.html.

[105] 浙江省交通运输厅. 省交通运输厅关于印发浙江省综合运输发展"十四五"规划的通知[EB/OL]. http://jtyst.zj.gov.cn/art/2021/6/15/art_1229114320_2302682.html.

[106] 浙江省交通运输厅. 杭州管理中心扎实推进网络货运行业规范管理[EB/OL]. http://jtyst.zj.gov.cn/art/2020/7/13/art_1676888_50291191.html.

[107] 福建省交通运输厅. "十三五"交通运输发展成效回顾[EB/OL]. http://jtyst.fujian.gov.cn/zwgk/jtyw/202101/t20210112_5515474.htm.

[108] 福建省交通运输厅. 我厅召开网络货运企业高质量发展专题座谈会[EB/OL]. http://jtyst.fujian.gov.cn/zwgk/jtyw/202110/t20211012_5703396.htm.

[109] 网络货运平台指南.山西省网络货运发展按下"快进键"上半年实现营业额 276 亿元[EB/OL]. https://mp.weixin.qq.com/s/C9C81FEFcBLRydkZnAM1Zg.

[110] 网络货运平台指南. 山西网络货运成为转型发展新亮点[EB/OL]. https://mp.weixin.qq.com/s/KpqJyirjQQzNt8NsOQRuFA.

[111] 黑龙江日报.哈尔滨新区开出我省首张网络货运许可证[EB/OL]. https://www.hlj.gov.cn/n200/2020/0913/c43-11007863.html.

[112] 黑龙江日报. 东北地区首个网络货运数字产业园项目启动[EB/OL]. https://www.hlj.gov.cn/n200/2021/0808/c35-11020971.html.

[113] 黑龙江省政府.黑龙江省人民政府办公厅关于推动物流降本提质增效的实施意见[EB/OL]. https://www.hlj.gov.cn/n200/2021/0909/c668-11022195.html.

[114] 网络货运平台指南.湖南省不断加强和规范网络平台道路货物运输管理工作[EB/OL].
https://mp.weixin.qq.com/s/lBmHuRH0FkYzGfRXssmGHw.

[115] 湖北省交通运输厅.数字经济力推我省道路运输行业转型发展[EB/OL].
http://jtt.hubei.gov.cn/bmdt/tzdt/202111/t20211103_3841876.shtml.

[116] 江西省交通运输厅.江西积极规范网络货运 推进物流高质量发展[EB/OL].
http://jt.jiangxi.gov.cn/col/col34362/index.html?id=dc24890d459b4e2c9c0d2822168063da.

[117] 陕西省交通运输厅.省道路运输中心持续推动网络货运新业态规范发展[EB/OL].
https://jtyst.shaanxi.gov.cn/show/260268.

[118] 每日甘肃.甘肃省交通运输系统推进为民办实事工作综述[EB/OL]. https://baijiahao.baidu.com/s?id=1705401360149911198.

[119] 甘肃省交通运输厅.我省 20 家企业接入全省网络货运信息平台[EB/OL].
http://jtys.gansu.gov.cn/jtys/c106395/201105/a20de4e7c5624172a49c98b608d27e66.shtml.

[120] 宁夏新闻网.宁夏大力发展"互联网+货运"模式[EB/OL]. https://www.nxnews.net/zt/2019/nxjj/jjxw/202012/t20201231_6987064.html?spm=zm5078-001.0.0.1.X22LsV.

[121] 内蒙古交通运输厅.自治区交通运输厅发布一季度全区网络货运监测通报[EB/OL].
http://jtyst.nmg.gov.cn/jtzx/jtyw/202105/t20210508_1772223.html.